DIREITO INTERNACIONAL E ESTADO SOBERANO

DIREITO INTERNACIONAL E ESTADO SOBERANO

Hans Kelsen
Umberto Campagnolo

Organizador
MARIO G. LOSANO

*Com um texto inédito de Hans Kelsen
e um ensaio de Norberto Bobbio*

Tradução
MARCELA VAREJÃO

wmf **martinsfontes**

Esta obra foi publicada originalmente em italiano com o título
DIRITTO INTERNAZIOLE E STATO SOVRANO
por Giuffrè Editore, Milão.
Copyright © Dipartimento Giuridico-Politico dell'Università degli Studi di Milano,
Facoltà di Scienze Politiche.
Edição publicada através de acordo com Giuffrè Editore.
Copyright © 2002, Livraria Martins Fontes Editora Ltda.,
São Paulo, para a presente edição.

1ª edição *2002*
2ª edição *2021*

Tradução
MARCELA VAREJÃO

Preparação do original
Solange Martins
Revisões
Marise Simões Leal
Maria Regina Ribeiro Machado
Produção gráfica
Geraldo Alves
Paginação
Studio 3 Desenvolvimento Editorial
Capa
Katia Harumi Terasaka Aniya

Dados Internacionais de Catalogação na Publicação (CIP)
(Câmara Brasileira do Livro, SP, Brasil)

Kelsen, Hans, 1881-1973.
 Direito internacional e Estado soberano / Hans Kelsen, Umberto Campagnolo ; organizador Mario G. Losano ; tradução Marcela Varejão. – 2ª ed. – São Paulo :Editora WMF Martins Fontes, 2021. – (Biblioteca jurídica WMF)

 Título original: Diritto internazionale e Stato sovrano.
 "Com um texto inédito de Hans Kelsen e um ensaio de Noberto Bobbio"
 ISBN 978-65-86016-84-0

 1. Direito internacional 2. Kelsen, Hans, 1881-1973 – Contribuições em direito internacional 3. Soberania I. Campagnolo, Umberto. II. Losano, Mario G. III. Título. IV. Série.

21-73798 CDU-341.211

Índices para catálogo sistemático:
1. Estado soberano : Direito internacional 341.211

Cibele Maria Dias - Bibliotecária - CRB-8/9427

Todos os direitos desta edição reservados à
Editora WMF Martins Fontes Ltda.
Rua Prof. Laerte Ramos de Carvalho, 133 01325.030 São Paulo SP Brasil
Tel. (11) 3293.8150 e-mail: info@wmfmartinsfontes.com.br
http://www.wmfmartinsfontes.com.br

Sumário

Índice geral.. VII

A estrutura deste livro, de Mario G. Losano XI

Direito internacional e Estado soberano

I. *Presenças italianas em Kelsen*, de Mario G. Losano. 1

II. *Umberto Campagnolo, aluno e crítico de Hans Kelsen*, de Norberto Bobbio................................... 77

III. *As idéias mestras da minha tese*, de Umberto Campagnolo 101

IV. *Juízo sobre a tese de Umberto Campagnolo*, de Hans Kelsen... 111

V. *Resposta a Hans Kelsen*, de Umberto Campagnolo .. 139

VI. *Os outros juízos sobre a tese de Umberto Campagnolo* 189

VII. *Um projeto de pesquisa sobre a Sociedade das Nações*, de Umberto Campagnolo 201

Índice onomástico 207

Índice geral

Sumário	V
A estrutura deste livro...............................	XI

Direito internacional e Estado Soberano

I. **Presenças italianas em Kelsen**, de Mario G. Losano	1
Kelsen e os estudiosos italianos............................	3
1. Kelsen e a Itália	3
2. O escrito juvenil de Kelsen sobre Dante Alighieri..	6
3. Os primeiros artigos de Kelsen traduzidos na Itália...	10
4. Autores italianos em Kelsen, até uma última citação em italiano	12
5. Kelsen e as Academias italianas................	16
a) A Accademia delle Scienze dell'Istituto de Bolonha.....................................	16
b) A Accademia Nazionale dei Lincei	18
c) A Accademia delle Scienze de Turim...........	22
6. A correspondência entre Kelsen e Giorgio Del Vecchio..	23
7. Renato Treves, pioneiro da doutrina pura do direito na Itália......................................	40
8. Norberto Bobbio e o pensamento de Kelsen	44

Kelsen e Campagnolo 46
9. Hans Kelsen, de Colônia a Genebra 46
10. Umberto Campagnolo, de Pádua a Genebra 49
11. O vastíssimo plano de pesquisa de Campagnolo .. 54
   a) Os cinco capítulos inéditos sobre a noção de direito 55
   b) O sexto capítulo se torna tese e livro 56
   c) A crítica inédita à Sociedade das Nações 59
12. Os apontamentos das aulas com Kelsen e outros manuscritos de Campagnolo 59
13. A tese de doutorado 61
14. Da tese genebrina ao livro *Nations et droit* 64
15. Norberto Bobbio e o período federalista de Campagnolo 68
16. Conclusão: o oceano entre Berkeley e Veneza .. 74

II. *Umberto Campagnolo, aluno e crítico de Hans Kelsen*, de Norberto Bobbio 77

III. *As idéias mestras da minha tese*, de Umberto Campagnolo 101

IV. *Juízo sobre a tese de Umberto Campagnolo*, de Hans Kelsen 111
   I. [A noção de direito] 113
   II. [O conceito de Estado] 118
   III. [O conceito de soberania] 121
   IV. [O conceito de direito internacional] 130
   V. [O conceito de desenvolvimento do direito internacional] 133

V. *Resposta a Hans Kelsen*, de Umberto Campagnolo .. 139
   O método da minha tese 142
   1. A noção de direito 145
   2. O conceito de Estado 153
   3. O conceito de soberania 162

   Conclusão 172
   4. O conceito de direito internacional 173

    5. O conceito de desenvolvimento do direito internacional.. 181

VI. *Os outros juízos sobre a tese de Umberto Campagnolo* 189
    1. Juízo de Maurice Bourquin sobre a tese de Umberto Campagnolo... 191
    2. Juízo de Paul Guggenheim sobre a tese de Umberto Campagnolo... 192
    3. Juízo de Paul Mantoux sobre a tese de Umberto Campagnolo.. 193
    4. Juízo de Hans Wehberg sobre a tese de Umberto Campagnolo.. 195

VII. *Um projeto de pesquisa sobre a Sociedade das Nações*, de Umberto Campagnolo................................ 201

Índice onomástico.. 207

A estrutura deste livro

Umberto Campagnolo (1904-76) foi aluno de Hans Kelsen a partir de 1933 no Institut Universitaire de Hautes Études Internationales em Genebra, quando ambos ali viviam exilados, e em 1937 defendeu com Kelsen sua tese de doutorado. Até onde tenho conhecimento, pode-se concluir que Campagnolo foi o único italiano aluno de Kelsen no sentido estrito do termo, ou seja, no sentido de ter tido Kelsen como professor orientador, como "Doktorvater".

Kelsen avaliou positivamente o trabalho crítico do seu aluno: "posso afirmar que, entre todos aqueles trabalhos publicados por jovens autores sobre problemas de direito internacional, este é um dos melhores que conheço", escreveu em 1935, ao apresentar Campagnolo à Académie de Droit International de Haia (cfr. *infra*, p. 51).

O juízo de Hans Kelsen sobre o volume de Umberto Campagnolo é o texto mais articulado e extenso dedicado por Kelsen a um autor italiano contemporâneo.

O presente livro propõe ao leitor uma série de textos, em grande parte inéditos, que documentam o relacionamento intelectual entre Campagnolo e Kelsen.

O volume inicia com um ensaio sobre os autores italianos relacionados a Kelsen ou que influenciaram sua obra, e sobre o período em Genebra de Kelsen e Campagnolo (I. *Presenças italianas em Kelsen*, de Mario G. Losano). A *concordia dis-*

cors que unia o aluno ao Mestre é em seguida descrita no ensaio de Norberto Bobbio, que traça ainda um quadro da visão de Campagnolo sobre o direito internacional: visão diametralmente oposta àquela de Kelsen (II. *Umberto Campagnolo, aluno e crítico de Hans Kelsen*).

As outras partes são todas estreitamente conexas com a tese preparada por Campagnolo sob a supervisão de Kelsen e com o debate que se seguiu à defesa desta. Um comentário antes de cada escrito ilustra os respectivos problemas textuais e editoriais.

Uma descrição sintética das idéias centrais da tese é oferecida pelo resumo dela realizado pelo próprio Campagnolo (III. *As idéias mestras da minha tese*, de Umberto Campagnolo). Sobre essa tese, Kelsen escreveu um juízo insolitamente amplo e crítico, até hoje inédito, aqui traduzido para o português (IV. *Juízo sobre a tese de Umberto Campagnolo*, de Hans Kelsen). A edição italiana contém ainda o texto kelseniano em alemão, aqui omitido. Às críticas de Kelsen, Campagnolo respondeu com um amplo ensaio de contracrítica, também este até o momento inédito, e aqui publicado, pela primeira vez, em língua portuguesa (V. *Resposta a Hans Kelsen*, de Umberto Campagnolo). O quadro do debate é completado pelos juízos dos outros quatro membros da Comissão, menos extensos mas, em alguns pontos, até mais críticos do que o juízo expresso por Kelsen (VI. *Os outros juízos sobre a tese defendida por Campagnolo*).

Após o doutorado, Campagnolo pretendia continuar seus estudos sobre os princípios fundamentais do direito internacional, como atesta um projeto de pesquisa seu, breve e inédito, sobre a Sociedade das Nações (VII. *Um projeto de pesquisa sobre a Sociedade das Nações*, de Umberto Campagnolo). Porém, com a explosão da Segunda Guerra Mundial, Kelsen deixou Genebra, instalando-se nos Estados Unidos, e Campagnolo voltou à Itália.

As estradas dos dois filósofos do direito se separaram definitivamente, e na Itália terminou-se por esquecer este interessante – e quase certamente único – episódio da influência direta da doutrina kelseniana sobre um filósofo italiano.

A ESTRUTURA DESTE LIVRO

O título deste livro foi extraído de uma nota editorial colocada pelo próprio Campagnolo no início de sua tese publicada como livro: a sua pesquisa, escreve, "pretende resolver o problema que constitui o arrecife em que esbarram as teorias jurídicas", ou seja, "a antinomia entre direito internacional e Estado soberano". Pareceu-me que os termos da antinomia identificavam bem o objeto deste meu livro (que, aliás, é um metalivro: um livro sobre o livro de Campagnolo).

Em 1934, Kelsen propusera como título *La norme juridique et le droit international*: este título, porém, abarcava toda a vasta pesquisa projetada por Campagnolo, da qual a tese cobriu somente uma parte (cfr. *infra*, p. 56, nota 143). Se fosse utilizado aqui, teria prometido mais do que o livro poderia cumprir.

O próprio título da tese, *Nations et droit*, teria sido também um belo título para este livro, enquanto metalivro. Todavia, pareceu-me desaconselhável dar o mesmo título a obras diversas, porque o leitor muitas vezes acabaria por perguntar-se a qual das duas obras nos estaríamos referindo.

Como em toda pesquisa de história contemporânea do direito, também esta minha precisou enfrentar arquivos ainda não bem organizados: o do Hans Kelsen-Institut, em Viena, está fechado há tempos; o de Giorgio Del Vecchio, em Roma, está em fase de reorganização; muitos outros papéis jazem no limbo reservado a documentos recentes demais para suscitar o respeito devido a papéis antigos, mas velhos demais para merecer a atenção devida aos papéis de uso cotidiano. Não está assim excluído que o correr do tempo faça emergir novos documentos sobre os temas deste livro; mas também não se pode negar que este trabalho tenha salvo alguns documentos de arquivos ainda em estado magmático.

O fechamento do arquivo vienense induziu-me a adiar até o momento a pesquisa sobre os internacionalistas italianos conhecidos por Kelsen, como Dionisio Anzilotti, mencionado na *General Theory of Law*, de 1945, e Giorgio Balladore-Pallieri, lembrado nos *Principles of International Law*, de 1952.

Enfim, convém ressaltar que os originais dos escritos reunidos neste livro estavam em línguas diversas (sobretudo francês, alemão e italiano) e apresentavam estilos heterogêneos, que vão desde a definitividade das páginas impressas à provisoriedade das anotações para estudo ou da simples carta. Não foi fácil dar unidade ao volume.

Para facilitar a leitura, revi profundamente as traduções italianas, a fim de torná-las homogêneas em estilo e terminologia: intervenção indispensável, dado que os textos constituem um entrelace em línguas diversas, com referências dificilmente destrinçáveis. De fato, Kelsen formula em alemão seu juízo sobre o texto em francês da tese de Campagnolo, o qual responde em francês, traduzindo do alemão as observações de Kelsen. Neste meu volume, tudo foi reformulado em português: na edição italiana, foi necessária uma radical intervenção de unificação terminológica e de estilo, sem a qual o fio do discurso talvez resultasse menos claro.

Na edição italiana, a unidade do objeto em discussão debateu-se contra a pluralidade dos tradutores e das línguas. Agradeço a Nicoletta Bersier Ladavac o auxílio na pesquisa e organização da tradução para o italiano dos inéditos aqui apresentados, com exceção das páginas extraídas da tese publicada (*Nations et droit*, constante apenas da edição italiana e ausente nesta edição em português), para as quais utilizei a tradução já existente, realizada em Pádua, por Carla Saletta e Marigia Fassetta, provavelmente nos anos 50. Meu agradecimento, enfim, vai para Marcela Varejão, pela ótima tradução para a língua portuguesa.

Agradeço a Norberto Bobbio, ao qual devo a sugestão de recolher e publicar estes textos, bem como a autorização para publicar seu ensaio sobre Kelsen e Campagnolo; a Michelle Bouvier Campagnolo, que colocou à minha disposição os documentos conservados no arquivo de sua família e no da Société Européenne de Culture, com sede em Veneza; ao Institut Universitaire de Hautes Études Internationales de Genebra, a autorização para publicar os juízos sobre a tese de Campagnolo,

A ESTRUTURA DESTE LIVRO

em particular o de Kelsen; ao Istituto di Filosofia Giuridica e Sociale da Università "La Sapienza" de Roma, ter colocado à minha disposição os documentos do arquivo de Giorgio Del Vecchio; à Accademia Nazionale dei Lincei em Roma, à Accademia delle Scienze dell'Istituto di Bologna e à Accademia delle Scienze de Turim, a ajuda a mim dispensada nas pesquisas sobre as afiliações de Kelsen e para os documentos dos quais foi autorizada a publicação; ao Ministero dell'Università e della Ricerca Scientifica e Tecnologica em Roma, o financiamento de parte das pesquisas; enfim, à Fundação Alexander von Humboldt de Bonn: foi no ano de pesquisa, com a obtenção do Prêmio Humboldt em 1997, que pude empreender este trabalho.

MARIO G. LOSANO

I.
Mario G. Losano
Presenças italianas em Kelsen

Kelsen e os estudiosos italianos

1. *Kelsen e a Itália*

Kelsen está presente na Itália muito mais do que a Itália em Kelsen. Na Itália, Kelsen gozou e goza de uma extraordinária difusão, que periodicamente se concentra num dos multíplices aspectos da vastíssima produção científica do jurista vienense[1]. Esta exuberante produção sobre Kelsen induzira Frosini[2] e Riccobono[3], em 1977, e a mim mesmo, em 1978[4], a traçar

---

1. A rigor, Kelsen é de Praga. De fato, ele nasceu nessa cidade em 11 de outubro de 1881, mas sua família deixou Praga quando ele tinha apenas três anos; apesar de a mãe falar alemão e tcheco, em família Kelsen usava sempre e tão-somente o alemão, única língua falada pelo pai. Sua formação ocorreu inteiramente em Viena. Sua escola é a "Escola de Viena". Assim, não seria impróprio dizer que Hans Kelsen era também um "vienense".
2. Vittorio Frosini, "Kelsen e il pensiero giuridico italiano", *Il Veltro. Rivista di civiltà italiana*, setembro-dezembro de 1977, pp. 761-8.
3. Francesco Riccobono, "Kelsen in Italia. Bibliografia", *Il Veltro. Rivista di civiltà italiana*, setembro-dezembro de 1977, pp. 769-82; revisto in Francesco Riccobono, "Kelsen in Italia", in Carlo Roehrssen (org.), *Hans Kelsen nella cultura filosofico-giuridica del Novecento*, Istituto dell'Enciclopedia Italiana, Roma, 1983, pp. 199-217.
4. Mario G. Losano, "La fortuna di Kelsen in Italia", in: Mario G. Losano, *Forma e realtà in Kelsen*, Comunità, Milano, 1981, pp. 203-12. Do meu escrito, existem duas versões anteriores: "Reine Rechtslehre in Italien", in:

mapas da difusão de Kelsen na Itália. Tais mapas foram atualizados até 1997 por Giorgio Bongiovanni[5].

A Itália, além de tudo, é talvez o único país no qual Kelsen e suas teorias encontram espaço até mesmo em um romance de sucesso. "O senhor conhece Kelsen?", pergunta o advogado Fernando de Mello Sequeira ao jornalista que lhe propõe ocupar-se de uma pessoa morta, num comissariado de polícia português. Aquele homicídio se subtraía ao direito positivo, mas exigia justiça: uma justiça superior, à qual o obeso advogado do Porto dedicara a vida e que sintetizava no conceito de "norma fundamental", *Grundnorm*. Ainda estudante, o advogado seguira Kelsen a Genebra e a Berkeley porque "suas teorias sobre a *Grundnorm* se tornaram uma obsessão sua". De fato, esta "é a norma que nos permeia", e por isso aceita acompanhar o caso: "a Guarda Nacional é uma instituição militar, é mesmo uma bela encarnação da *Grundnorm*"[6]. Em síntese, no romance de Tabucchi a norma fundamental é explicada de modo pertinente e nele pode-se ler ainda uma verídica biografia de Kelsen. Se deste romance que fala de *Grundnorm* e de *Stufenbautheorie* se fizer um filme, como já ocorreu com outro romance de Tabucchi, também caberá à Itália a primazia de ter levado ao cinema a Doutrina pura do direito. E isso é o que se tem a dizer sobre a recepção de Kelsen na Itália.

O que se pode dizer, contudo, sobre a recepção da Itália em Kelsen? São poucas as referências feitas por Kelsen a escritos italianos e escassas suas relações com autores italianos.

Der Einfluß der Reinen Rechtslehre auf die Rechtstheorie in verschiedenen Ländern, Manz, Wien, 1978, pp. 151-79; "La fortuna di Hans Kelsen in Italia", Quaderni fiorentini per la storia del pensiero giuridico moderno, 1979, n. 9, pp. 465-500.

5. Giorgio Bongiovanni, "Kelsen e la Reine Rechtslehre in Italia (1983-1997)", publicada como apêndice ao *Reine Rechtslehre e dottrina giuridica dello Stato. H. Kelsen e la costituzione austriaca del 1920*, Giuffrè, Milano, 1998, pp. 269-89.

6. Antonio Tabucchi, *La testa perduta di Damasceno Monteiro*, Feltrinelli, Milano, 1997, pp. 113-5; sobre as fontes de Tabucchi, cfr. *op. cit.*, p. 239.

Uma espécie de censo pode ser então rapidamente executado; as páginas a seguir comentam as raras descobertas.

Decerto não faltaram contatos científicos, nem podemos excluir surpreendentes descobertas de arquivo. As primeiras décadas do século XX, infelizmente, foram por demais atormentadas, e os contatos pessoais foram continuamente interrompidos por emigrações, conturbações políticas e, enfim, pela guerra. Agora encontram-se poucas pistas destes contatos, que freqüentemente foram demasiado ocasionais: quando em 1919 um representante da Cidade Livre de Fiume se apresentou a Kelsen para pedir-lhe que redigisse uma Constituição para aquele Estado, Kelsen pensou que se tratasse de uma brincadeira e – uma vez que já trabalhara em outros projetos constitucionais – perguntou-lhe se queria uma Constituição "sob medida ou *prêt-à-porter*"[7]. Tratava-se, porém, de um pedido sério, porque logo lhe chegou às mãos a documentação necessária. A chegada dos legionários de Gabriele d'Annunzio a Fiume pôs, entretanto, um fim nesta experiência constitucional. Outros contatos foram excessivamente breves, como a correspondência trocada comigo durante a tradução da segunda edição da *Reine Rechtslehre*[8]. Por isso, as páginas seguintes se limitam aos contatos científicos de um certo destaque entre Kelsen e os estudiosos italianos.

Até o momento, foram publicados apenas dois escritos de Kelsen que têm por objeto autores italianos contemporâneos: cito primeiramente a longa carta enviada a Renato Treves, em 1933 (cfr. *infra*, p. 42), e, em segundo lugar, o volumoso juízo sobre a tese de doutorado de Umberto Campagnolo, escrito em 1937 e publicado pela primeira vez neste volume. O juízo sobre

---

7. "Nach Maß oder in Konfektion": assim citado in Rudolf Aladár Métall, *Hans Kelsen. Leben und Werk*, Deuticke, Wien, 1969, p. 47. Esta é a única biografia de Hans Kelsen e possui um caráter quase oficial, dadas as estreitas relações entre Kelsen e Métall (cfr. *infra*, p. 28).

8. As correções de Kelsen estão incluídas na edição italiana de 1966; sua formulação original em alemão está no artigo de Ruth Erne, "Eine letzte authentische Revision der Reinen Rechtslehre", in: Werner Krawietz – Helmut Schelsky (org.), *Rechtssystem und gesellschaftliche Basis bei Hans Kelsen*, Duncker & Humblot, Berlin, 1984, pp. 35-62 (*Rechtstheorie*, Beiheft 5).

Umberto Campagnolo é o texto mais longo e articulado dedicado por Kelsen a um autor italiano contemporâneo.

Existe ainda um autor italiano clássico que atraiu a atenção do jovem Kelsen: a Dante Alighieri ele efetivamente dedicou sua primeira monografia (cfr. *infra*, pp. 6 ss.). Sem dúvida, para este trabalho ele precisou sobretudo do conhecimento do latim, mas o italiano lhe foi indispensável para ter acesso à literatura secundária.

Também a correspondência entre Kelsen e Giorgio Del Vecchio (cfr. *infra*, pp. 23 ss.) demonstra explicitamente que o conhecimento do italiano constituía uma parte circunscrita, mas duradoura, da preparação cultural de Kelsen. Nessa correspondência, que se estendeu de 1922 a 1965, alternam-se cartas em italiano de Del Vecchio e em alemão de Kelsen, exceto uma, em francês, e a última carta de Kelsen, em inglês.

Provavelmente Kelsen tinha um conhecimento mais passivo do que ativo do italiano. Ademais, ao usar as línguas estrangeiras, certamente encontrava como obstáculo o seu próprio perfeccionismo. Por exemplo, quando em Genebra precisou lecionar em francês, mandava traduzir do alemão cada aula, e a relia três ou quatro vezes antes de apresentar-se aos estudantes[9]; este exercício ocupava praticamente metade de seu dia. Concluindo, seu conhecimento do italiano não devia ser puramente "veicular" ou instrumental: o acesso aos textos italianos cultos está documentado, tanto na sua primeira obra sobre Dante Alighieri, quanto na obra na qual estava trabalhando nos últimos anos de vida (cfr. *infra*, pp. 14 s.)

2. *O escrito juvenil de Kelsen sobre Dante Alighieri*

Tendo-se inscrito na Faculdade de Direito de Viena mais por exclusão do que por vocação, Kelsen demonstrou um limitado interesse pelas aulas, que nem sempre lhe pareciam de alto nível. Uma das personalidades que mais o atraíram nos

---

9. Métall, cit., p. 65.

primeiros anos de universidade foi sem dúvida o modesto e esquivo Leo Strisower (1857-1931)[10], que ali ministrava um curso de história da filosofia do direito, um dos poucos freqüentados por Kelsen. Foi esse curso que chamou sua atenção para o *De Monarchia* de Dante Alighieri e o fez conceber um plano de escrever uma obra, relacionando a doutrina de Dante com as correspondentes teorias então dominantes.

Esse interesse pelo Dante teórico do Império não deve causar surpresa: a Áustria da época ainda era um império multinacional e católico, atraído mais pelo mito do Sacro Império Romano do que pelas perigosas inovações modernistas. O *De Monarchia* de Dante já havia sido traduzido em alemão em 1559, enquanto a *Divina comédia* o foi somente em 1767: "A fama de Dante para além dos Alpes começou como a de um profeta político e religioso, anunciador da reforma protestante."[11] O interesse de Kelsen por Dante se apoiava, assim, em sólidos fundamentos também germânicos.

Strisower – que, mesmo sendo muito culto, por excesso de modéstia publicara bem pouco – procurou dissuadir Kelsen de escrever uma monografia sobre Dante, recordando-lhe, aliás, a infinita bibliografia que deveria enfrentar. Kelsen, porém, não se deixou influenciar e, ainda estudante, terminou o trabalho.

Entrementes, Kelsen terminara também a primeira parte de seus estudos jurídicos, predominantemente histórica, passando à segunda, concentrada no direito positivo austríaco. Entre os professores desse segundo período, uniu-se de modo particular a Edmund Bernatzik (1854-1919)[12], um extrovertido jus-

---

10. Alfred Verdroß, "Professor Leo Strisower. Zu seinem 70. Geburtstag am 2. Oktober 1927", *Neue Freie Presse*, 2 de outubro de 1927, p. 8; Alfred Verdroß, "Die Bedeutung Leo Strisower's für die Völkerrechtswissenschaft", *Juristische Blätter*, 23 de janeiro de 1931, n. 2, pp. 25 s.

11. Vittorio Frosini, "Kelsen e il pensiero giuridico italiano", *Il Veltro*, 1977, p. 763.

12. Métall (cit., p. 8 e índice de nomes) escreve "Eduard", e não "Edmund", Bernatzik: trata-se de um erro material, uma vez que não há dúvidas sobre o nome desse aluno de Laband. Cfr. Wilhelm Brauneder, *Juristen in Österreich 1200-1980*, Orac, Wien, 1987, pp. 141, 312 s.; Felix Czeike,

publicista, com forte sentido da política mas escasso interesse pela teoria. Apesar da diversidade de interesses, Bernatzik apreciava Kelsen e dele publicou o estudo sobre Dante Alighieri na coleção dos "Wiener Staatswissenschaftliche Studien", da qual era co-editor[13]. Talvez seu necrológio, em 1919, tenha sido escrito pelo próprio Kelsen[14].

Kelsen desenvolveu a pesquisa sobre Dante dentro de duas linhas rigorosamente vinculadas aos seus interesses jurídicos: propôs-se, assim, expor "a posição política de Dante [...], sistematicamente, do ponto de vista jurídico" e examinar criticamente "a doutrina geral do Estado segundo o Poeta"[15], sem concessões a "digressões histórico-literárias e biográficas" ou aos "problemas de política"[16].

Além de autores clássicos e medievais, Kelsen usou as obras de uma dezena de autores italianos mais recentes, que também se ocuparam de Dante. Isso confirma seu conhecimento do idioma italiano; todavia, seria inútil estender-se em detalhes sobre essas fontes porque eles não influenciaram de modo algum seu pensamento posterior. O exórdio de Kelsen sobre Dante constituiu um episódio isolado, que iniciou e findou com a publicação do respectivo ensaio, em 1905. No momento de autorizar a tradução desse escrito, numa carta de 1968, o próprio Kelsen pediu ao editor Massimiliano Boni que indicasse expressamente ser o livro italiano "uma pura e simples reimpressão da monografia publicada em 1905": de fato, "somente assim se explica

---

Historisches Lexikon Wien, Kremayr & Scheriau, Wien, 1994, Bd. 1, p. 337; Robert Walter, "Die Lehre des Verfassungs-und Verwaltungsrechts an der Universität Wien von 1810-1938", *Juristische Blätter*, 1988, p. 617.

13. Hans Kelsen, *Die Staatslehre des Dante Alighieri*, Deuticke, Wien – Leipzig, 1905, IV-152 pp.

14. Necrológio anônimo de Edmund Bernatzik in "Zeitschrift für öffentliches Recht", 1919, vol. 1, pp. VII-IX.

15. Hans Kelsen, *La teoria dello Stato in Dante*. Com um ensaio de Vittorio Frosini sobre Kelsen e Dante. [Traduzido por Wilfrido Sangiorgi em colaboração com Gunhild Meyer Vom Bruck], Boni, Bologna, 1974, XXIX-215 pp. O trecho citado no texto está na p. XXVIII.

16. Hans Kelsen, cit., p. XXIX.

por que toda a literatura sobre este tema, publicada depois de 1905, não foi levada em consideração"[17].

Métall registra o "sucesso relativamente grande" da obra kelseniana. De um manuscrito autobiográfico de Kelsen extrai o seguinte juízo: essa foi "a única entre minhas obras que não suscitou nenhuma oposição; até mesmo na Itália foi bem acolhida", enquanto na Alemanha Karl Vossler objetou que o nome de Maquiavel ali aparecia, de modo reprovável, com dois "c".

A lembrança de Kelsen da boa acolhida na Itália de seu primeiro livro está ligada a um artigo do historiador do direito e político Arrigo Solmi (1873-1944), que já em 1907, partindo de um ponto de vista muito diverso, comentava e criticava a interpretação de Dante proposta por Kelsen[18]. Kelsen entendia que o Estado monárquico universal era uma convicção científica, e não política, de Dante. Solmi assumia, ao contrário, uma posição que já anunciava o nacionalismo destinado a desembocar no fascismo. Kelsen escrevia como um descendente do Sacro Império Romano, embora este já não existisse havia mais de um século; Solmi o criticava da perspectiva de um nascente nacionalismo, delineado ainda mais claramente na coletânea de ensaios na qual, em 1922, incluiu também este seu artigo[19]. Com essa coletânea, o círculo político se fecha: a publicação foi feita pela editora florentina "La Voce", um dos focos do pensamento nacionalista italiano, destinado a resultar no movimento fascista.

"Kelsen leu Dante – observa Frosini –, nele encontrando uma imagem refletida de si mesmo"[20]: efetivamente, na despolitização da visão imperial atribuída por Kelsen a Dante pode-se ler um pré-anúncio da "pureza", da "neutralidade" das futuras concepções kelsenianas.

---

17. "Nota dell'editore", in Hans Kelsen, *La teoria dello Stato in Dante*, Boni, Bologna, 1974, p. 1 n.n.

18. Arrigo Solmi, [resenha a] "Hans Kelsen, Die Staatslehre des Dante Alighieri", *Bullettino della Società Dantesca Italiana. Rassegna critica di studi danteschi*, 1907, n. 2, pp. 98-111.

19. O artigo sobre Dante foi incluído no volume: Arrigo Solmi, *Il pensiero politico di Dante*, Editrice "La Voce", Firenze, 1922, pp. 109-34.

20. Vittorio Frosini, "Kelsen e il pensiero giuridico italiano", *Il Veltro. Rivista di civiltà italiana*, setembro-dezembro de 1977, p. 764.

Mais tarde, Kelsen considerou essa sua primeira pesquisa "nada mais do que um trabalho escolar desprovido de originalidade"[21]; mas o severo juízo do seu autor não impediu que em 1974 fosse traduzida em italiano[22].

3. Os primeiros artigos de Kelsen traduzidos na Itália

A neutralidade da doutrina kelseniana não suscitou suspeitas do regime fascista e, assim, no final dos anos 20, alguns ensaios de Kelsen apareceram nos *Nuovi studi di diritto, economia e politica*, revista diretamente inspirada na nova cultura fascista. Dirigiam-na intelectuais de alto nível, mas de cultura completamente estranha a Kelsen, como Arnaldo Volpicelli e Ugo Spirito. O ambivalente interesse que acompanhava a publicação dos textos kelsenianos refletia-se numa nota da redação a "Il problema del parlamentarismo": "Inútil acrescentar que os *Nuovi studi* – ali se lê – não podem acompanhar as opiniões de Kelsen, nem apresentar e resolver os problemas desta maneira. Continuaremos com a publicação de alguns dentre os mais notáveis e significativos ensaios do Autor, seguidos por uma ampla crítica: o nome de Kelsen é hoje por demais prestigiado e discutido para que possamos dar-nos o luxo de desconhecer suas teorias."[23] É preciso admitir que um tal interesse por Kelsen, num ambiente culturalmente tão distante e até mesmo hostil, permanece ainda hoje de certa forma enigmático. De

---

21. Métall, cit., pp. 8 s.
22. Cfr. *supra*, nota 15.
23. Hans Kelsen, "Il problema del parlamentarismo", *Nuovi studi di diritto, economia e politica*, 1929, p. 182. A este se seguiram, sempre na mesma revista, "Lineamenti di una teoria generale dello Stato", 1929, pp. 267-81, 368-76; 1930, pp. 208-28, 325-41; e "Formalismo giuridico e dottrina pura del diritto", 1931, pp. 125-35. Arnaldo Volpicelli reuniu posteriormente esses escritos no volume: Hans Kelsen, *Lineamenti di una teoria generale dello Stato e altri scritti*, Anonima Editoriale Romana, Roma, 1933, 173 pp. Sobre a recepção de Kelsen por parte da direita italiana, veja-se Mario G. Losano, *Forma e realtà in Kelsen*, Comunità, Milano, 1981, pp. 184-6.

fato, a presença de Kelsen nos *Nuovi studi* produzia efeitos contraditórios: por um lado, a revista mantinha distância do autor que publicava nas próprias páginas; porém, publicando-o, contribuía de modo insubstituível para difundir seu pensamento na Itália.

A distância ideológica entre o autor e a redação pode assim explicar por que, nesse contexto, não se desenvolveram contatos pessoais e, muito pelo contrário, por que freqüentemente Kelsen sublinhou a importância de colaborar com Giorgio Del Vecchio: para também recolocar a própria imagem científica sob a justa luz. Creio ser isso que Kelsen queria dizer quando – em 1933, na iminência de abandonar a Alemanha, depois de ser demitido pelos nacional-socialistas – escrevia a Del Vecchio: "Dada a situação atual, teria uma satisfação particular em publicar esse texto exatamente na revista que o senhor dirige."[24]

Retornemos porém ao jovem Kelsen e aos anos que se seguiram à monografia sobre Dante. Após o doutorado, obtido em 1906, Kelsen viajou a Heidelberg para aprofundar suas pesquisas com o maior publicista da época, Georg Jellinek. A permanência foi infrutífera no plano das relações pessoais porque a transbordante vaidade de Jellinek não se conciliava com a inoxidável auto-estima de Kelsen; ao contrário, foi fecunda no plano da produção científica porque em Heidelberg tomaram forma os monumentais *Hauptprobleme der Staatsrechtslehre*[25].

Com essa primeira grande obra científica, os interesses de Kelsen encontraram a orientação teórica que destinada a guiá-los nos anos seguintes. Assim, ao voltar de Heidelberg, Kelsen se despedia dos estudos sobre Dante e com estes, no fundo, da própria juventude.

---

24. Kelsen a Del Vecchio, Viena, 17 de maio de 1933: Archivio Giorgio Del Vecchio, Istituto di Filosofia del Diritto, Facoltà di Giurisprudenza, Università di Roma "La Sapienza". Cfr. *infra*, pp. 23 ss.

25. Hans Kelsen, *Hauptprobleme der Staatsrechtslehre entwickelt aus der Lehre vom Rechtssatze*, Mohr (Paul Siebeck), Tübingen, 1910, XXVII-709 pp.

4. Autores italianos em Kelsen, até uma última citação em italiano

Em suas obras maduras, Kelsen foi sempre parcimonioso nas citações, mas, devido ao grande número de suas publicações, seria impossível traçar um quadro completo dos autores italianos por ele citados. É preciso então limitar-se a poucos exemplos, dos quais pode-se inferir que a influência dos autores italianos em Kelsen foi, no final das contas, marginal.

Não se encontram referências a autores italianos nos *Hauptprobleme der Staatsrechtslehre* de 1910, nem na *Reine Rechtslehre* de 1960. Porém, uma alusão especial deve ser feita às citações extraídas do volume de Alessandro Passerin d'Entrèves (1902-1985) sobre o direito natural[26] e referidas por Kelsen no apêndice sobre a justiça que encerra a segunda edição da *Reine Rechtslehre* (1960)[27]. De fato, Passerin d'Entrèves – turinês de nascimento e ligado à Escola de Turim[28] – não só se formara na Grã-Bretanha, mas, no pós-guerra, também ensinara por cerca de dez anos em Oxford, antes de voltar à universidade piemontesa. Ademais, seu livro sobre o direito natural foi fruto de

---

26. Alessandro Passerin d'Entrèves, *La dottrina del diritto naturale*, Comunità, Milano, 1962, 191 pp., segunda edição italiana ampliada; a primeira é de 1954, XVIII-174 pp. O volume foi traduzido por Vittorio Frosini, já que fora originariamente publicado em inglês com o título *Natural Law. An Introduction to Legal Philosophy*, Hutchinson's University Library, London - New York, 1951, 126 pp.

27. Hans Kelsen, "Das Problem der Gerechtigkeit", apêndice a *Reine Rechtslehre*, Deuticke, Wien, 1960, pp. 355-444; tradução italiana: *Il problema della giustizia*. A cura di Mario G. Losano, Einaudi, Torino, 1998, XLVII-133 pp. As citações nas notas seguintes fazem referência a essas duas edições. [Trad. bras. *O problema da justiça*, Martins Fontes, São Paulo, 1991.]

28. Pelas suas ligações com a Escola de Turim, cfr. Renato Treves, "Alessandro Passerin d'Entrèves, maestro e amico", in Treves, *Sociologia e socialismo. Ricordi e incontri*, Franco Angeli, Milano, 1990, pp. 33-40; Norberto Bobbio, "Ricordo di Alessandro Passerin d'Entrèves", *Rivista di filosofia*, 1987, pp. 111-20. Bobbio fez a resenha da edição italiana de *Natural Law* tão logo esta foi publicada: "Sul diritto naturale", *Rivista di filosofia*, 1954, pp. 429-38.

um curso ministrado em 1948 na Universidade de Chicago: era, assim, quase inevitável que Hans Kelsen fizesse uso dele.

Nas páginas sobre a justiça, Kelsen retorna por seis vezes ao texto de Passerin d'Entrèves, usando-o como fonte para as doutrinas jusnaturalistas[29] e, especialmente, respondendo às críticas dirigidas por Passerin d'Entrèves à norma fundamental[30]. Os dois itens finais, *Teoria do direito natural e direito positivo* e *Teoria do direito natural e teoria pura do direito*, dedicam-se inteiramente a discutir as teses de Passerin d'Entrèves.

O destaque dado por Kelsen a Passerin d'Entrèves tem como causa a crítica, por este último realizada, sobre um ponto particularmente crucial da teoria kelseniana, ocupando algumas páginas para demonstrar como a norma fundamental, isto é, a pedra angular do positivismo kelseniano, é, na realidade, uma proposição de direito natural[31]. Dessa forma, a doutrina pura do direito terminaria por explicar a validade do direito recorrendo a um elemento externo ao direito, contradizendo assim os próprios pressupostos metodológicos[32]. Kelsen objeta que sua doutrina não se apresenta como "uma medida de valor para o direito positivo"[33], como acontece, ao contrário, com o direito natural, refutando nesses termos a aproximação formulada por Alessandro Passerin d'Entrèves. Mas é evidente que a argumentação de Passerin d'Entrèves, ainda que passível de crítica, não é su-

---

29. Kelsen cita a edição londrina de 1955 de Alessandro Passerin d'Entrèves in *Das Problem der Gerechtigkeit*, cit., p. 407 (p. 75 trad. it.); p. 434 (p. 111 trad. it.); p. 441 (p. 121 trad. it.; duas citações).

30. As citações extraídas de Passerin d'Entrèves com referência à norma fundamental estão em Kelsen, *Das Problem der Gerechtigkeit*, cit., p. 442 (p. 123 trad. it.); p. 444 (p. 125 trad. it.).

31. Kelsen cita Alessandro Passerin d'Entrèves, *Natural Law*, cit., p. 108: para d'Entrèves a norma fundamental é "nothing but a natural-law proposition", então, "the ultimate test of the validity of law lies beyond law itself".

32. Passerin d'Entrèves examina as dificuldades conexas com a norma fundamental nas páginas finais de *La dottrina del diritto naturale*, Comunità, Milano, 1962, pp. 140-3.

33. Hans Kelsen, *Il problema della giustizia*, Einaudi, Torino, 1975, p. 124.

bestimada por Kelsen: depois de Kant, Platão e São Tomás, Alessandro Passerin d'Entrèves é o autor mais citado no ensaio sobre a justiça e, entre seus contemporâneos, é certamente aquele ao qual Kelsen atribui maior destaque.

Todavia, o inteiro contexto até aqui ilustrado constitui um argumento não tanto a favor da presença de um autor italiano como Passerin d'Entrèves em Kelsen, mas muito mais a favor da presença de Passerin d'Entrèves na cultura de língua inglesa.

A publicação póstuma da *Teoria geral das normas* de Kelsen permite documentar aquilo que é fácil intuir, ou seja, que qualquer afirmação de Kelsen tem fundamento numa precisa avaliação de vastas leituras. Com efeito, os organizadores da obra publicaram não somente as notas que, no manuscrito kelseniano, apresentavam-se já como notas ao texto, mas também uma parte dos materiais elaborados por Kelsen. Essa documentação constitui cerca de um terço do livro, por si só já volumoso. Não é possível imaginar qual o uso final imaginado por Kelsen para esse material; porém, a louvável decisão dos organizadores permite examinar a técnica com a qual Kelsen costruía suas obras[34].

Na *Teoria geral das normas* – que vinha sendo fatigantemente escrita por um Kelsen quase ultraoctogenário – estão presentes quatro citações de autores italianos: Kelsen recorda textos em língua francesa, respectivamente de Tullio Ascarelli[35], de

---

34. Na *Allgemeine Theorie der Normen*. Organizado por Kurt Ringhofer e Robert Walter, Manz, Wien, 1979, XII-362 pp., existem três tipos de nota: no texto, entre colchetes, estão breves remissões a outras obras; com asterisco, ao pé da página, estão as verdadeiras e próprias notas; numerados progressivamente, ao final do volume, foram reunidos os *excerpta* ou os comentários mais vastos (cfr. p. IV). A edição italiana (Hans Kelsen, *Teoria generale delle norme*. Organizado por Mario G. Losano. Tradução de Mirella Torre, Einaudi, Torino, 1985, LXV-471 pp.) é organizada diversamente: os asteriscos foram substituídos por letras e as notas estão numeradas progressivamente por capítulo; enfim, para facilitar o trânsito na leitura das notas em alemão àquelas em italiano, e vice-versa, foi realizada uma *Tabela de concordância das notas* (pp. LXIII s.).

35. Tullio Ascarelli, "Le fait et le droit devant la Cour de Cassation italienne", in *Le fait et le droit. Étude de logique juridique*, Travaux du Centre

Norberto Bobbio[36] e de Alessandro Giuliani[37], enquanto a única citação em italiano é extraída de uma obra de Guido Calogero[38].

O atual fechamento do arquivo de Kelsen em Viena impede avaliar a eventual presença de outros autores italianos no material reunido por Kelsen na preparação da *Teoria geral das normas*, mas não selecionado pelos organizadores daquela obra. Mesmo com essa limitação, pode-se concluir que o conhecimento do italiano acompanhou a vida científica de Kelsen, da primeira até a última obra.

National de Recherches de Logique, Bruxelles, 1961, p. 121. Ascarelli, por sua vez, cita um trecho de Alfredo Rocco (*Sentenza civile*, 1906) que identifica o raciocínio do juiz com o silogismo e, por isso, declara-o um ato de inteligência, enquanto a doutrina sucessiva o declara um ato de vontade: Kelsen, *Allgemeine Theorie der Normen*, cit., p. 196, nota com asterisco; trad. it., p. 400, nota "a".

36. Norberto Bobbio, "Considérations introductives sur le raisonnement des juristes", *Revue Internationale de Philosophie*, 1954, pp. 67-84: Kelsen, *Allgemeine Theorie der Normen*, cit., p. 357, nota 179; trad. it. p. 451, nota 9. Cfr. *infra*, p. 44.

37. Alessandro Giuliani, "L'élément juridique dans la logique médiévale", *Logique et analyse*, 1963, pp. 542 e 544: Kelsen o cita para provar a forte influência do modelo jurídico sobre a lógica medieval. (Kelsen, *Allgemeine Theorie der Normen*, cit., pp. 350 s., nota 170; trad. it. p. 429, nota 15).

38. Reproduzo aqui o texto de Kelsen na tradução italiana; nele, o trecho entre aspas extraído de Guido Calogero foi citado por Kelsen em italiano: "La concezione di Dewey che il problema della sentenza giudiziaria non è quello di trarre una conclusione da premesse date, bensì di trovare le premesse, viene sostenuta anche da Guido Calogero, 'La logica del giudice e il suo controllo in Cassazione', in *Studi di diritto processuale*, vol. 2, Padova, 1947. Vedi in particolare p. 51, dove si legge: Il fatto è, come ognuno intende, che la vera e grande opera del giudice sta non già nel ricavare dalle premesse la conclusione, ma proprio nel trovare e formulare le premesse. Quando il giudice è arrivato alla convinzione che un certo modo di agire implica per legge una certa conseguenza giuridica, e che di quel modo di agire si è verificato in un caso, la conclusione può farla trarre a chiunque. Calogero sembra non aver conosciuto il saggio di Dewey" (Kelsen, *Teoria generale delle norme*, cit., p. 449, nota 3; o texto original está em Kelsen, *Allgemeine Theorie der Normen*, cit., p. 354, final da nota 173).

5. Kelsen e as Academias italianas

Em 1969, quando Métall publicou a biografia de Kelsen, este já havia recebido onze doutorados *honoris causa*, mas nenhum deles vinha de uma universidade italiana. Entretanto, foram três as academias italianas que o perfilaram entre seus sócios: a de Bolonha, a partir de 1932, a romana, Accademia dei Lincei, a partir de 1955, e a de Turim, a partir de 1956.

a) A Accademia delle Scienze dell'Istituto de Bolonha

Não foi possível rastrear de quem veio a proposta de nomear Hans Kelsen como sócio da Reale Accademia delle Scienze dell'Istituto di Bologna. Sobre essa nomeação, de fato, foram encontrados bem poucos documentos; em particular, a conspícua correspondência entre Kelsen e Del Vecchio – o qual, de 1910 a 1920, foi professor em Bolonha, mas não sócio daquela academia – não alude a essa afiliação. Por outro lado, é difícil dizer quais outros filósofos possam ter promovido a nomeação de Kelsen, porque o ensinamento da filosofia do direito em Bolonha teve um destino muito especial: após a década de titularidade de Del Vecchio, de 1920 a 1963 a cátedra passou por uma sucessão de onze suplências, das quais eram encarregados, no mais das vezes, professores de outras matérias, até a chegada de Guido Fassò em 1963[39].

Na sessão de 27 de maio de 1932[40], Kelsen foi eleito por unanimidade sócio correspondente estrangeiro: essa data

---

39. Rinaldo Orecchia, *La filosofia del diritto nelle università italiane 1900-1965. Saggio di bibliografia*, Giuffrè, Milano, 1967, p. 451. Também Felice Battaglia ali consta como "professor encarregado", de 1939 a 1963.

40. A biografia de Métall indica, ao contrário, a data de 20 de janeiro de 1934 (cit., p. 99): deve ser a data da carta com a qual a Academia de Bolonha comunicou a ocorrida nomeação, após o *nulla osta* do Ministro da Educação Nacional, que chegou com a carta de 30 de outubro de 1933, da qual se fala no texto.

assinala seu ingresso oficial na academia e, assim sendo, doravante o seu nome na lista dos sócios.

Naquela época, porém, era preciso uma confirmação – ou melhor, um ato de aceitação – por parte do Governo. A tal aceitação se refere a frase que conclui a ata da sessão: "e para todos os eleitos estrangeiros, promovendo-se a superior aprovação"[41].

A autorização governativa chegou cinco meses depois, com uma carta do Ministro da Educação Nacional, Francesco Ercole, endereçada ao Senado, aos cuidados de Luigi Rava, que era presidente da academia bolonhesa e também Senador do Reino. Nessa carta constam, por parte do governo fascista, precisas discriminações políticas, que entretanto não atingiam Kelsen: exatamente o mesmo Kelsen que, naquele ano, fora expulso pelos nacional-socialistas da Universidade de Colônia.

A partir de 1933, então, o nome de Kelsen se faz presente no elenco dos sócios, do qual porém desaparece sem explicações no ano de 1942-43: naquele ano, a categoria dos sócios estrangeiros se reduz de dez para nove membros, já que o de Kelsen é o único nome eliminado[42]. É improvável que essa exclusão possa ter sido devida à remoção de Del Vecchio (admitindo-se que tenha sido ele o promotor da candidatura de Kelsen) causada pelas leis raciais: tal remoção ocorrera cerca de cinco anos antes. Diante do silêncio dos atos acadêmicos e na ausência de documentos, é possível aventar uma suposição: que razões políticas podem ter imposto o cancelamento deste jurista desafeto do regime nacional-socialista e exilado nos Estados Unidos, nação com a qual os Estados do Eixo estavam em guerra.

É todavia impossível reconstruir quais foram essas razões políticas e quem delas foi fautor. Contudo deve-se assinalar que a remoção de Kelsen ocorre antes dos grandes transtornos italianos de 1943. Com efeito, o volume das Atas que documen-

---

41. *Rendiconto delle sessioni della R. Accademia delle Scienze dell'Istituto di Bologna. Classe di Scienze morali.* Serie III, vol. VI (1931-1932), Azzoguidi, Bologna, 1932-XI, p. 101.

42. *Rendiconto delle sessioni della R. Accademia delle Scienze dell'Istituto di Bologna. Classe di scienze morali*, Serie IV, vol. VI (anos 1942-43), p. 9.

tam a exclusão de Kelsen terminou de ser impresso em 21 de julho de 1943. Dessa forma, a exclusão havia sido decidida antes que o Grande Conselho do Fascismo destituísse Mussolini em 25 de julho de 1943, antes que o armistício fosse divulgado em 8 de setembro e que, no dia seguinte, fosse fundada a República de Salò – que determinou a divisão da Itália e sua presença em ambos os campos militares contrapostos, dando-se então início à fase mais aguda da guerra de libertação, além, de fato, da ocupação nacional-socialista do norte da Itália.

Kelsen morreu trinta anos depois desse cancelamento. Entrementes, todos os sócios da Classe de ciências morais eram outros e, assim, diminuíra a memória histórica daquela longínqua afiliação kelseniana; por isso, nas Atas da academia bolonhesa, o falecimento de Kelsen em 1973 nem sequer foi mencionado.

b) A Accademia Nazionale dei Lincei

Kelsen tornou-se sócio estrangeiro da Accademia Nazionale dei Lincei provavelmente por indicação de Giorgio Del Vecchio, em 26 de julho de 1955[43]. Sua nomeação foi formalizada com o decreto de 8 de outubro de 1955, do então Presidente da República Giovanni Gronchi: a partir dessa data, Kelsen assumiu oficialmente a qualidade de sócio da principal academia italiana[44].

O perfil de Kelsen apresentado aos sócios para a votação o indica como "ilustre cultor de filosofia do direito e de direito público, professor sucessivamente em várias universidades e institutos superiores da Europa e da América" e como "criador de uma Escola que se esforçou para distinguir a teoria jurídica pura, tanto do direito positivo, como da filosofia do direito e da

---

43. Kelsen foi eleito com 56 votos favoráveis e 2 em branco. A ata das eleições está conservada no Arquivo da Accademia Nazionale dei Lincei, Pos. 4, Elezioni 1955, Fasc. Risultato delle elezioni.

44. A biografia de Métall indica, ao contrário, a data de 21 de agosto de 1955 (cit., p. 99), cuja origem é difícil explicar.

sociologia". Esse endereço teórico é avaliado com grande equilíbrio: "O aspecto indubitavelmente sedutor e novo desse posicionamento deu lugar a críticas e reservas; mas ninguém pode colocar em dúvida a grandiosidade e a novidade do impulso por ele imprimido a vários ramos da ciência do direito, e especialmente do direito internacional e do direito público interno, de modo que seguidores e adversários devem nele reconhecer um grande e original maestro da ciência jurídica contemporânea."[45]

Kelsen respondeu em italiano à carta de nomeação: graças à "ajuda de um colega e amigo aqui residente, quis exprimir-me na língua dos Lincei"[46]. O colega italiano de Kelsen era, com toda probabilidade, o filólogo Leonardo Olschki (1884-1961), o qual – após ter ensinado em Heidelberg e, de 1932 a 1938, em Roma – emigrou para Baltimore por causa das leis raciais e terminou seus dias em Berkeley em 1961.

Dois anos depois dessa nomeação, justamente Leonardo Olschki assinalava ao Presidente dos Lincei que "o [seu] velho amigo, companheiro de exílio e insigne jurista Professor Emérito da Universidade da Califórnia, Hans Kelsen", passaria por Roma e propunha aproveitar a ocasião para fazê-lo proferir uma conferência na própria Academia[47]. O tema escolhido dizia respeito à "antítese entre a concepção positivista do direito natural e aquela metafísica ou religiosa, na intenção de oferecer uma base científica à validade do direito"[48]. A conferência – intitu-

---

45. Arquivo da Accademia Nazionale dei Lincei, Pos. 4, Elezioni 1955, *Titoli dei Candidati. Terna per un posto di Socio Straniero nella categoria VI (Scienze Giuridiche)*.
46. Carta de Hans Kelsen a Vincenzo Arangio-Ruiz, Berkeley, 16 de agosto de 1955: Arquivo da Accademia Nazionale dei Lincei, Pos. 4, Elezioni 1955, Fasc. Lettere di nomina e ringraziamenti, S.-Fasc. Soci Stranieri Sc. Morali.
47. Carta de Leonardo Olschki a Vincenzo Arangio-Ruiz, Roma, 23 de abril de 1957: Arquivo da Accademia Nazionale dei Lincei, Pos. 4, Soci Stranieri, Hans Kelsen.
48. Carta de Leonardo Olschki a Vincenzo Arangio-Ruiz, Roma, 16 de maio de 1957: Arquivo da Accademia Nazionale dei Lincei, Pos. 4, Soci Stranieri, Hans Kelsen.

lada *Quel est le fondement de la validité du droit?* – foi proferida em francês em 22 de maio de 1957[49] e resultou num artigo publicado em italiano naquele mesmo ano[50].

Naquela viagem Kelsen encontrou em Roma o então jovem constitucionalista Antonio La Pergola, que daquele encontro na Accademia dei Lincei deixou uma recordação, não acadêmica, mas pessoal: "A sala está abarrotada. Depois da conferência, enquanto a multidão vai saindo, sinto uma mão no meu ombro. É ele. Por que não vem jantar conosco? [...] É um conversador agudo e divertido, que possui todo o garbo cordial da *Gemütlichkeit* vienense. Quando toca a bagagem das recordações, e me conta uma anedota ou uma história engraçada, age com o trato simples e cativante de um Papai Noel que pesca no saco de presentes. Mas não deixa de acrescentar algum conselho, fruto de sua sabedoria. 'Um jovem que escreve deve evitar a tentação do perfeccionismo.' 'Converta em obra criativa também a dor que a vida nos reserva – Turn your sorrow into creative work.' [...] Os estudiosos, penso, conhecem a magia da sua lógica. Quantos saborearam a doçura desta sua humanidade?"[51].

Em 1960 chegou a Kelsen um importante reconhecimento da Accademia Nazionale dei Lincei: nas sessões de 13 e 14 de maio de 1960 foi-lhe atribuído o Prêmio Internacional para as Ciências Jurídicas da Fundação "Antonio Feltrinelli"[52]. Se nos

---

49. Uma breve carta de Kelsen confirma esse compromisso: Hans Kelsen a Raffaello Morghen, *Cancelliere* da Academia, Roma, 17 de maio de 1957: Arquivo da Accademia Nazionale dei Lincei, Pos. 4, Soci Stranieri, Kelsen Hans.

50. Hans Kelsen, "Il fondamento della validità del diritto", *Rivista di diritto internazionale*, XL, 1957, pp. 497-511. O texto foi traduzido do francês por Gaetano Arangio-Ruiz. Sobre essa conferência, cfr. também Métall, cit., p. 89. Já antes desta, Kelsen publicara um texto em francês intitulado "Quel est le fondement de la validité du droit?", *Revue internationale de criminologie et police technique*, X, 1956, pp. 161-9, que porém não pudera confrontar com o artigo em italiano.

51. Antonio La Pergola, "La passeggiata romana del giurista", *Il Gazzettino del lunedì*, 5 de setembro de 1977.

52. A biografia de Métall indica todavia a data de 9 de junho de 1960 (cit., p. 87): esta, porém, não é a data de atribuição do prêmio internacional,

motivos da sua nomeação como sócio da academia parece ter prevalecido uma avaliação positiva sobretudo da sua obra de juspublicista e internacionalista, na motivação do prêmio sublinha-se principalmente a importância da sua teoria jurídica.

A comissão aprovou por unanimidade o relatório de Francesco Calasso, que de início avaliava globalmente a atividade científica de Kelsen: "A vastidão da obra, a multiformidade dos interesses aos quais ela se dirige – ilustra Calasso –, juntamente com sua coerência em torno das idéias centrais que a inspiram na sua inteireza, difundiram e consolidaram a fama de Kelsen, reconhecido como o fundador da teoria, dita anteriormente 'normativa', depois 'pura', do direito, ao redor da qual foi fundada a chamada 'Escola de Viena', que rapidamente superou os confins da Áustria e dos países de língua alemã, atraindo a atenção dos estudiosos de todo o mundo."[53]

Em seguida, eram avaliados os méritos de Kelsen em relação ao direito positivo, recordando como eram devedoras de suas idéias não apenas a Constituição austríaca e a da República espanhola, mas ainda a Constituição italiana de 1948, na qual "a atribuição à Corte constitucional do poder de declarar *ex nunc* a ineficácia *erga omnes* das leis constitucionalmente ilegítimas é evidentemente derivada do modelo kelseniano consagrado pela primeira Constituição austríaca"[54].

Não podia porém faltar uma menção aos "fortes opositores" das teorias kelsenianas, que acusavam Kelsen "de ter tentado eliminar do direito o problema do valor, e de ter reduzido o problema da justiça à questão da legalidade". Na verdade, faz notar o relatório, Kelsen pretende ocupar-se apenas da validade do direito; "o problema da validade não elimina o problema

---

mas sim a da "sessão solene de 9 de junho de 1960, honrada com a presença do Presidente da República", na qual o Presidente dos Lincei traça o balanço das atividades: cfr. *Atti dell'Accademia Nazionale dei Lincei. Rendiconti delle adunanze solenni*, Roma, 1960, vol. VI, n. 3, pp. 134 s. e 172 s.

53. Relazione per il conferimento del Premio Internazionale "Antonio Feltrinelli", in *Atti dell'Accademia Nazionale dei Lincei. Rendiconti delle adunanze solenni*, Roma 1960, vol. VI, n. 3, pp. 172 s.

54. Cit., p. 173.

da valoração; o que a teoria pura elimina é apenas a confusão entre estes dois problemas. Uma lei válida não quer dizer que seja justa: mas isso é um outro problema"[55]. Para concluir, a vastidão de suas pesquisas e a fama mundial com elas conquistada não eram por certo inferiores à sua "nunca desmentida probidade científica, que o levou, em nome da liberdade da sua ciência, a preferir o exílio à subserviência do seu pensamento"[56].

c) A Accademia delle Scienze de Turim

Em 16 de abril de 1956 Kelsen foi nomeado sócio estrangeiro da Accademia delle Scienze de Turim, na Classe de Ciências Morais, Históricas e Filológicas[57]. Seu contato com essa instituição se limitou de fato à nomeação. Efetivamente, Kelsen – que completava setenta e cinco anos exatamente em 1956 – há tempos tinha se estabelecido em Berkeley, e assim nunca participou das sessões da Academia nem colaborou com as publicações da instituição. A própria biblioteca da Academia possui apenas um volume de Kelsen, de 1932, presente na coleção graças à doação do constitucionalista Emilio Crosa[58].

Na academia turinense encontram-se, assim, poucos vestígios desse sócio estrangeiro. Em 12 de março de 1956 foram apresentadas oito propostas para sua nomeação e depois, na sessão fechada de 16 de abril, Kelsen foi nomeado por unanimidade[59]. O decreto ministerial de nomeação de 6 de junho encerrou esse *iter*. Dessa forma, em todos os anuários da Academia, as datas de 16 de abril e de 6 de junho acompanham o nome de Kelsen.

---

55. *Ibid.*
56. *Ibid.*
57. Deve assim ser corrigida a data de 8 de maio de 1956, indicada por Métall, cit., p. 99.
58. Hans Kelsen, *La démocratie: sa nature, sa valeur.* Traduction sur la deuxième édition (1929) de Charles Eisenmann, Sirey, Paris, 1932, X-121 pp.
59. As atas dessas reuniões não foram publicadas, mas estão conservadas na Accademia delle Scienze de Turim.

O ingresso de Kelsen na Academia de Turim está documentado com avareza. Exceto as escassas comunicações oficiais, não existem indicações nem dos sócios proponentes, nem de suas motivações. Nas sessões públicas registra-se uma observação do constitucionalista Emilio Crosa, então diretor da Classe, sobre o fato de o Ministério estar preparando o decreto de nomeação e, depois, uma sua breve informação a propósito de uma carta de agradecimento de Kelsen, a qual, todavia, não é mais do que um bilhete breve e formal.

Se o ingresso de Kelsen na academia turinense está pouco documentado, da mesma forma caiu um véu de silêncio sobre sua saída em razão da morte. Kelsen morreu em 19 de abril de 1973, e os anos em torno dessa data foram assinalados por grandes dificuldades financeiras para a Academia de Turim. O número de páginas dos *Atti* sofreu uma drástica redução, e o próprio anuário foi publicado com dificuldade e atrasos. Talvez por essa razão o nome de Kelsen ainda conste entre os sócios no anuário de 1974, desaparecendo no de 1975, sem que nele exista uma homenagem ou ao menos a notícia de seu falecimento.

6. *A correspondência entre Kelsen e Giorgio Del Vecchio*

Giorgio Del Vecchio (1878-1970) encontrou Hans Kelsen pela primeira vez em Viena em meados de 1922[60]. A partir dessa data, teve início entre os dois estudiosos uma correspondência que durou até 1965[61], inicialmente para o envio de escritos já

---

60. Del Vecchio recorda em 1933 os "laços de cordial amizade, que se solidificaram, aliás, com a inesquecível acolhida que o senhor teve a bondade de realizar para mim em Viena, cerca de dez anos atrás" (Del Vecchio a Kelsen, Roma, 2 de março de 1933). E ainda em 1963: "Não me esqueço da acolhida gentil que o senhor me proporcionou em Viena, cerca de quarenta anos atrás, ou quase" (Del Vecchio a Kelsen, Roma, 22 de fevereiro de 1963).
61. As 28 cartas dessa correspondência encontram-se hoje no Arquivo Del Vecchio do Istituto di Filosofia del Diritto da Università "La Sapienza" de Roma, que gentilmente autorizou seu uso neste ensaio. Constituem parte integrante da correspondência as duas cartas de Rinaldo Orecchia, assis-

publicados, ou ainda de artigos novos de Kelsen a serem publicados na *Rivista internazionale di filosofia del diritto*. A correspondência se tornou particularmente intensa no crítico ano de 1933, quando Kelsen foi afastado da Universidade de Colônia após o advento do nacional-socialismo. Naquele único ano, com efeito, os dois trocaram mais de um terço das cartas compreendidas na correspondência inteira. Enfim, o contato continuou de Genebra, de Praga e de Berkeley, porém com um ritmo mais vagaroso, não apenas pela distância, mas também pelos problemas pessoais de Del Vecchio – fascista, mas atingido pelas leis raciais – e porque a docência de Kelsen se endereçara cada vez mais para o direito internacional.

Os dois filósofos se conheceram quando estavam no apogeu dos respectivos sucessos universitários e políticos, circundados por uma aura de vencedores que não deixava certamente pressagiar as situações críticas que se abateriam sobre ambos dez anos depois.

Em 1920 Del Vecchio foi chamado à Universidade de Roma; em 1921 assumiu a direção da revista *Archivio giuridico* e fundou a *Rivista internazionale di filosofia del diritto*. No campo político, ainda em 1921, foi o único entre os professores romanos a inscrever-se nos *fasci di combattimento*, na onda do posicionamento nacionalista assumido desde a época da Primeira Guerra Mundial. Essa adesão ao fascismo lhe aplainou a estrada para o cargo de reitor da Universidade de Roma, de novembro de 1925 a 1927.

Del Vecchio conheceu Kelsen quando este acumulava sucessos acadêmicos e políticos em Viena. No ano acadêmico de 1921-22, Kelsen havia sido decano da Faculdade de Direito da universidade vienense e também a partir de 1921 entrou, como membro vitalício, para a Corte Constitucional austríaca, instituída com base na Constituição Federal de 1920, da qual Kelsen foi um dos artífices. Politicamente, Kelsen se aproximara

---

tente de Del Vecchio e redator da *Rivista internazionale di filosofia del diritto*, porque completam o *iter* editorial do artigo de Kelsen sobre a doutrina pura do direito, promovido por Del Vecchio.

dos social-democratas austríacos e, de modo especial, do austro-marxista Karl Renner.

Desses contrapostos posicionamentos políticos não existem notícias na correspondência, sempre mantida no fio do mais tradicional contato epistolar acadêmico. Entre os dois filósofos do direito reinou desde o início um profundo respeito recíproco, apesar das divergências também teóricas, como ambos faziam questão de sublinhar nas últimas cartas trocadas.

Retrospectivamente, aquelas declarações de estima recíproca entre os dois estudiosos ultraoctogenários assumiam quase um valor de despedida: para além das opostas travessias de existências àquela altura chegadas ao crepúsculo, o que contava e ficava era a comum dedicação ao estudo.

Del Vecchio, ao propor Kelsen em 1963 como membro honorário da Sociedade Italiana de Filosofia do Direito (por ele fundada em 1936), e recordando o primeiro encontro em Viena, concluía: "Sinto profundamente o vínculo que me une ao senhor, também pelo comum amor e pelo comum estudo dos grandes problemas do direito; e mesmo que nossas opiniões a respeito de alguns desses problemas não coincidam, isso não diminui absolutamente minha elevadíssima estima e respeitosa simpatia a seu respeito. Confio que o senhor, guardadas as devidas proporções, nutra sentimentos análogos pela minha modesta pessoa."[62] Dois anos depois, exprimia a "máxima estima e admiração pela sua obra monumental, pela qual o senhor é justamente considerado o maior jurista de nossos tempos"[63]. Por sua vez, Kelsen lhe assegurava: "não obstante as diferenças de nossa compreensão teórica dos problemas jurídicos, nutro a máxima estima pelos seus trabalhos científicos"; e ainda: "Considero-o um dos maiores filósofos do direito de nossos tempos"[64].

Por outro lado, um dos traços característicos de Kelsen consistia efetivamente em saber manter separadas as disputas teóricas das animosidades pessoais. Sua contribuição para a nomeação de Carl Schmitt como professor na Universidade de Colônia tal-

---

62. Del Vecchio a Kelsen, Roma, 22 de fevereiro de 1963.
63. Del Vecchio a Kelsen, Roma, 26 de março de 1965.
64. Kelsen a Del Vecchio, Berkeley, 1º de abril de 1965.

vez seja a prova mais convincente dessa sua capacidade de aplicar também na vida cotidiana o relativismo com relação aos valores. Como veremos, não se pode certamente dizer que em 1933 Carl Schmitt tenha pago com a mesma moeda. Também em Genebra as divergências intelectuais com Umberto Campagnolo não impediram Kelsen de recomendar a publicação da tese, mesmo que estivesse em radical contraste com seu pensamento. Essa neutralidade na existência desaparecia na disputa doutrinária, na qual Kelsen se revelou sempre um adversário cortante e temível.

Após o encontro vienense de 1922, Kelsen propôs publicar na *Rivista internazionale di filosofia del diritto* dois textos que acabara de escrever[65], os quais, porém, desejava publicar também em alemão. Provavelmente já advertido do férreo princípio de Del Vecchio, segundo o qual um artigo publicado na *Rivista internazionale di filosofia del diritto* não poderia ser novamente publicado sob outras formas, senão um ano depois de sua publicação na revista, Kelsen acrescentava: "Se entretanto o senhor tiver objeções de conteúdo, colocarei à sua disposição outro artigo meu, 'Deus e Estado'; precisarei, porém, de mais algum tempo para completá-lo."[66]

Na verdade, nenhuma das três propostas estava destinada a ser acolhida na revista romana: os dois primeiros ensaios seriam publicados também em alemão, enquanto o terceiro não se prestava a uma publicação naquela revista "porque se tornara excessivamente longo"; "para a sua estimada revista – continuava Kelsen – tomarei a liberdade de enviar-lhe um artigo mais breve"[67]. É esta a origem de *Diritto pubblico e diritto pri-*

---

65. Kelsen a Del Vecchio, Viena, 10 de julho de 1922. Kelsen anuncia como "vollendet" (terminado) um ensaio "Über Souveränität" e um sobre "Staat und Recht". Este último foi publicado na *Kölner Vierteljahrschrift für Soziologie*, 1922, pp. 18-37. Do primeiro, Kelsen menciona uma possível publicação "im Wörterbuch des Völkerrechts", mas desta não se encontram vestígios nem mesmo na bibliografia organizada por Robert Walter, *Hans Kelsen. Ein Leben im Dienste der Wissenschaft*, Manz, Wien, 1985, pp. 27-97.

66. *Ibid.*

67. Kelsen a Del Vecchio, 27 de julho de 1922. "Gott und Staat" foi publicado em *Logos*, 1922-23, pp. 261-84.

vato, publicado apenas em italiano[68]. Esse artigo foi, de qualquer forma, enviado mais tarde, e Kelsen especificava: "Trata-se do capítulo sobre a diferença entre direito público e direito privado, extraído do meu manuscrito ainda inédito da 'Allgemeine Staatslehre', que será provavelmente publicada no final do ano. Se *por qualquer motivo* a publicação desse artigo lhe criar problemas, estarei pronto a enviar-lhe um outro."[69]

Kelsen contribuiu posteriormente com outro escrito, dessa vez para um volume em homenagem a Giorgio Del Vecchio[70].

Até esse momento a correspondência reflete a tranqüila atividade de dois professores de sucesso. Mas nos sete anos de silêncio que seguiram esse primeiro grupo de cartas, a vida de Kelsen atravessou uma fase problemática. A mudança da situação política em Viena tornou cada vez mais difícil para ele a vida na Corte Constitucional e na Universidade, a tal ponto que foi afastado da primeira e decidiu afastar-se da segunda[71].

Devem ter sido bem amargos os anos que culminaram em 1930 e terminaram por induzir Kelsen – judeu de nascimento e social-democrata por convicção – a trocar Viena por Colônia, ou seja, por uma Alemanha na qual já se anunciava claramente o advento do nacional-socialismo. As datas são eloqüentes: ele chegou em Colônia em 2 de novembro de 1930, quando os nacional-socialistas acabavam de crismar a própria ascensão durante as eleições de 14 de setembro para o Parlamento alemão (*Reichstag*), passando de 12 para 107 deputados; quando o projeto de união alfandegária com a Áustria era objeto de ásperos

---

68. Hans Kelsen, "Diritto pubblico e diritto privato", *Rivista internazionale di filosofia del diritto*, 1924, pp. 340-57.
69. Kelsen a Del Vecchio, Viena, 2 de abril de 1924; itálico de Kelsen.
70. Hans Kelsen, "Der Wandel des Souveränitätsbegriffs", in *Studi filosofico-giuridici dedicati a Giorgio Del Vecchio nel XXV anno d'insegnamento (1904-1929)*, Società Tipografica Modenese, Modena, 1930, vol. II, pp. 1-11 (Métall e Walter a ele aludem como tendo sido publicado em 1931).
71. Os ataques dos colegas universitários, a predominância do partido cristão-social sobre o social-democrático, o conflito suscitado pela decisão da Corte Constitucional sobre o direito matrimonial, tudo está descrito in Métall, cit., pp. 38-57.

debates que o levariam à falência; e quando a inteira economia alemã estava marcada por uma crise praticamente indomável, pelas falências dos grandes bancos e por mais de quatro milhões de desempregados.

Não obstante a dramática situação política e social, os primeiros tempos de Kelsen na Alemanha foram caracterizados por uma positiva vida acadêmica em razão da estima de colegas como Fritz Stier-Somlo (1873-1932) (ao qual devia a ida para Colônia) e do apoio das autoridades do Land e da cidade, em particular do "Kurator" da Universidade, à época o então prefeito Konrad Adenauer (1876-1967). Para Kelsen, foi criado um Instituto de Direito Internacional e, pela primeira vez na sua carreira, pôde contar com um assistente remunerado: em 1930-31 esse lugar foi ocupado por Rudolf Aladár Métall, destinado depois a tornar-se um alto funcionário da Organização Internacional do Trabalho de Genebra e autor da única biografia de Kelsen até hoje existente, além de ser também o autor da sua primeira bibliografia científica[72].

Naquele breve período de tranqüilidade apenas acadêmica, Kelsen enviou ao filósofo de Roma um quadro daquela que ele considerava a sua Escola. Trata-se de uma indicação importante, porque os adeptos são identificados pelo nome. Na primeira edição da *Reine Rechtslehre* de 1934, Kelsen mencio-

---

72. A biografia está in Rudolf Aladár Métall, *Hans Kelsen. Leben und Werk*, Deuticke, Wien, 1969, 220 pp.; a bibliografia, com o título *Chronologisches Verzeichnis der Veröffentlichungen Hans Kelsens* encerra a segunda edição da *Reine Rechtslehre*, Deuticke, Wien, 1960, pp. 501-24. Hoje, a bibliografia completa dos escritos e das traduções kelsenianas está in Robert Walter, *Hans Kelsen. Ein Leben im Dienste der Wissenschaft*, Manz, Wien, 1985, pp. 27-97 (bibliografia sistemática, pp. 27-51; bibliografia cronológica, pp. 53-97). A obra está atualizada em dois outros escritos: Michael Schmidt, "Nachtrag zur chronologischen Bibliographie der Werke Kelsens", in: Robert Walter (org.), *Schwerpunkte der Reinen Rechtslehre*, Manz, Wien, 1992, pp. 157-72; Christian M. Piska, "Nachtrag zur chronologischen Bibliographie der Werke Kelsens", in: Robert Walter/Clemens Jabloner (org.), *Hans Kelsens Wege sozialphilosophischer Forschung*, Manz, Wien, 1997, pp. 143-65. Esses últimos três livros fazem parte da "Schriftenreihe des Hans Kelsen-Instituts", da qual constituem, respectivamente, os volumes 10, 18 e 20.

nava sua Escola em termos atenuados e, de qualquer forma, sem citar nomes: "Estudiosos orientados para escopos comuns – escrevia – uniram-se estreitamente uns aos outros, formando aquela que se chama a minha 'Escola', e que é tal apenas no sentido de que cada um procura aprender dos outros sem renunciar por isso a seguir a própria estrada."[73] Entretanto, na carta de 1932 (numa comunicação pessoal e talvez já com a intenção de enfatizar o próprio prestígio internacional, na perspectiva de precisar deixar a Alemanha), ele não apenas indicava explicitamente os nomes dos estudiosos de sua Escola, mas deles avaliava a ortodoxia com respeito a ela.

"De conformidade com seu desejo, elenco a seguir os estudiosos que podem ser considerados membros da Escola da 'doutrina pura do direito'. Alfred Verdross, Viena; Adolf Merkl, Viena; Felix Kaufmann, Viena; Fritz Schreier, Viena; Josef L. Kunz, Viena; professor Weyr, da Universidade Tchecoslovaca di Brno; Leonid Pitamic, professor na Universidade Iugoslava de Lubiana (atualmente diplomata em Washington); professor Charles Eisenmann, Universidade de Estrasburgo; professor Tomoo Otaka, Universidade de Kejo (Japão); professor Kissaburo Jokota, Universidade de Tóquio; professor Luis Recaséns Siches, Universidade de Santiago, Espanha; Luis Legaz y Lacambra, professor na Universidade de Saragoça, Espanha. Incluí neste elenco apenas os estudiosos já ativos como docentes universitários. Não incluí todavia o professor Fritz Sander, da Universidade Alemã de Praga, porque inicialmente ele foi um seguidor muito ortodoxo da doutrina pura do direito, mas depois atacou-a violentamente."[74]

A referência a Fritz Sander evoca uma veemente polêmica no âmago da Escola vienense, culminada com acusações de plá-

---

73. Hans Kelsen, *La dottrina pura del diritto*. Organizado por Mario G. Losano, Einaudi, Torino, 1966, p. 3 (trata-se do prefácio à primeira edição de 1934).

74. O nome de Legaz é um acréscimo manuscrito. Kelsen a Del Vecchio, Colônia-Marienburg, 1º de fevereiro de 1932.

gio e ataques pessoais, mas hoje relegada entre os eventos menores de pura relevância histórico-erudita[75].

A partir de 30 de janeiro de 1933, com a nomeação de Hitler como "Kanzler", a situação alemã se precipitou, e com ela também a existência de Kelsen, o qual em abril de 1933 foi "colocado em disponibilidade" (*beurlaubt*) pela Universidade. Segundo Métall, essa "disponibilidade" atingia Kelsen não como judeu, mas como "marxista": de fato, a lei sobre o serviço público de 1933 previa o afastamento do serviço público dos inscritos na social-democracia. Kelsen, porém, ainda que próximo do austro-marxismo, não estava inscrito no partido social-democrata alemão e, assim, aquela norma discriminatória não devia ter sido a ele aplicada. Isso foi explicado pelos seus colegas de faculdade, que assinaram uma petição pedindo a Berlim que retratasse aquela "colocação em disponibilidade" sem fundamento, até porque os escritos de Kelsen constituíam uma válida crítica ao marxismo.

O protesto da Faculdade não teve o sucesso desejado, mesmo porque nele faltava somente uma assinatura: a de Carl Schmitt, o príncipe dos juristas nacional-socialistas, que sucedeu Stier-Somlo na cátedra de Colônia, também graças ao interesse de Kelsen.

O pior, todavia, ainda estava por vir, com o início das perseguições anti-semitas, que de qualquer forma coincidiram com as providências contra Kelsen: ao boicote das lojas judaicas a partir de 1.º de abril de 1933 seguiu-se já no dia 7 do mesmo mês a lei cujo título hipócrita prometia "a reconstituição do serviço público" (hoje dir-se-ia a "refundação": "die Wiederherstellung des Berufsbeamtentums"). Na verdade, era a lei para arianizar a administração pública.

Naquela ocasião, Kelsen se encontrava na Suécia e, mesmo advertido do que ocorria, voltou a Colônia, exatamente em tempo para ser informado de que sua "disponibilidade" tinha

---

[75]. Cfr. Métall, cit., pp. 39 s. (e os outros trechos indicados no índice de nomes, sob *Sander*); Mario G. Losano, *Forma e realtà in Kelsen*, Comunità, Milano, 1981, p. 22, nota 12.

sido transformada em exoneração sem aposentadoria. A essa altura, a única possibilidade de sobrevivência estava fora da Alemanha, mas era impossível fazer os contatos necessários para tanto, em vista do controle policial da correspondência. Kelsen retornou, assim, a Viena, dali escrevendo a Del Vecchio a carta com a qual tem início a história italiana da sua obra mais célebre, *La dottrina pura del diritto*.

"Com referência ao seu gentil convite para colaborar com sua revista, comunico-lhe que disponho de um manuscrito, com cerca de três cadernos de dezesseis páginas, intitulado 'Método e conceitos fundamentais da doutrina pura do direito'. Ficaria muito satisfeito se pudesse aceitar esse artigo e publicá-lo o mais breve possível. Devido à situação hodierna, ser-lhe-ia particularmente grato se publicasse esse texto exatamente na revista que o senhor dirige. O artigo consiste numa concisa exposição da minha teoria jurídica e seria adequado para uma publicação autônoma na Itália, onde existe um vivo interesse pela minha doutrina, coisa da qual sou orgulhoso."[76]

Essas expressões não são fórmulas de pura cortesia. Kelsen tinha um real interesse "em publicar esse texto exatamente na revista que [Del Vecchio] dirige", porque sua primeira recepção na Itália ocorrera numa revista ligada ao movimento fascista (cfr. *supra*, p. 10), e isso poderia jogar uma luz imprópria tanto sobre sua doutrina, quanto sobre sua própria pessoa.

A resposta de Del Vecchio chegou prontamente, acolhendo "com o maior prazer o artigo com que o senhor honra minha revista, conforme o desejo que repetidamente lhe expressei". Todavia, infelizmente, a época não mais permitia manter uma correspondência dedicada apenas aos estudos, e Del Vecchio, com o pensamento dirigido ao que estava acontecendo na Alemanha, prosseguia: "Asseguro-lhe minha profunda solidariedade moral com relação aos problemas atuais. Meu mais intenso desejo teria sido, e é, poder fazer algo de mais eficaz pelo senhor. Mas o senhor compreende os limites impostos às mi-

---

76. Kelsen a Del Vecchio, Viena, 17 de maio de 1933.

nhas ações. Poderia explicar-lhe melhor muitas coisas pessoalmente." Em 1933 Del Vecchio era para todos os efeitos um expoente de relevo na atividade não apenas cultural do Partido Nacional Fascista, e sua carreira parecia estar em irrefreável ascensão: por isso mesmo, esse envolvimento político lhe impunha uma grande prudência.

Não obstante tudo isso, mesmo com a tempestade nacional-socialista o diretor da revista permanecia inflexível com relação aos seus princípios redacionais: "Penso ser supérfluo pedir-lhe que tenha em mente a regra constantemente observada, segundo a qual os artigos publicados na Revista não devam vir à luz alhures, nem mesmo em outra língua, até quando não tenha transcorrido ao menos um ano da publicação."[77]

Essa reiterada proibição colocou Kelsen em dificuldades, porque naquele momento o que ele desejava era exatamente divulgar no exterior sua própria doutrina, sobretudo em vista de uma segunda emigração, então inevitável. "Muito me alegra – ele escreve – que o senhor se disponha a aceitar meu artigo sobre 'Método e conceitos fundamentais da doutrina pura do direito'. Peço-lhe porém vivamente, ao menos por esta vez, que permita a publicação do ensaio também em outras línguas. Não ousaria dirigir-lhe esse pedido se minha situação atual não o reclamasse com urgência. O senhor compreende certamente quão interessado eu esteja neste momento em apresentar-me publicamente, também na França, e talvez na Espanha, com uma publicação que pode constituir o fundamento de uma nova existência minha. Se, porém, devido a essa exigência, seus princípios não lhe permitirem publicar meu artigo em sua revista, ser-lhe-ia muito grato se me ajudasse a promover este artigo como uma publicação autônoma em italiano. Penso que este meu trabalho, mesmo publicado como opúsculo, poderia suscitar um certo interesse na Itália."[78]

Enfim, em 6 de junho de 1933, o manuscrito partiu de Viena, esquivando-se assim da censura alemã e iniciando sua

---

77. Del Vecchio a Kelsen, Roma, 29 de maio de 1933.
78. Kelsen a Del Vecchio, Viena, 1º de junho de 1933.

trajetória italiana. Em 12 de junho Del Vecchio propôs publicá-lo no *Archivio Giuridico*, recordando que esta "é a mais antiga e gloriosa revista jurídica italiana": "Espero que a tradução do seu artigo venha a ser feita pelo seu antigo aluno, dr. Renato Treves, ao qual já fiz escrever para tal finalidade."[79] De fato, no ano anterior Renato Treves visitara Kelsen em Colônia (cfr. *infra*, pp. 40 ss.).

As coisas caminharam assim da melhor maneira. O ensaio italiano, traduzido por Renato Treves, foi publicado naquele mesmo ano de 1933. Aliás, seguindo o desejo de Kelsen, foi realizada uma separata do artigo da revista, que realmente circulou como publicação autônoma[80]. No ano seguinte, 1934, o original alemão foi publicado na Holanda[81] e traduzido também em francês[82].

---

79. Del Vecchio a Kelsen, Roma, 12 de junho de 1933; Kelsen declarou-se de acordo com a escolha da revista, acrescentando: "Seria para mim uma satisfação se fosse possível publicá-lo também de forma autônoma" (Kelsen a Del Vecchio, Viena, 3 de julho de 1933).

80. Hans Kelsen, "La dottrina pura del diritto. Metodo e concetti fondamentali", *Archivio Giuridico*, Quarta Serie, XXVI (é o vol. CX da série completa), 1933, 53 pp. Com esse mesmo título, circulou a separata *La dottrina pura del diritto. Metodo e concetti fondamentali*, Società Tipografica Modenese (antiga Tipografia Soliani), Modena, 1933, 53 pp. Sobre essa tradução, cfr. Renato Treves, no prefácio a Hans Kelsen, *Lineamenti di dottrina pura del diritto*, Einaudi, 1975, p. 11: como essas recordações de Treves estão contidas na *Prefazione* à edição de bolso, seria inútil procurá-las na primeira edição italiana de 1952 (também com a editora Einaudi, mas numa outra série). O trecho de Treves é mencionado também no ensaio "La fortuna di Kelsen in Italia", in Mario G. Losano, *Forma e realtà in Kelsen*, Comunità, Milano, 1981, pp. 187 s. Pode todavia induzir em erro a – não obstante tudo – insubstituível bibliografia de Robert Walter, *Hans Kelsen. Ein Leben im Dienste der Wissenschaft*, Manz, Wien, 1985, p. 72. No n.º 191 está indicada apenas uma edição holandesa e a tradução francesa desse amplo artigo, enquanto a versão de Treves está incluída entre as traduções parciais da primeira edição da *Reine Rechtslehre* de 1934: cfr. p. 74, com referência ao n. 199.

81. Hans Kelsen, "Methode und Grundbegriffe der Reinen Rechtslehre", *Annalen der critische philosophie*, III, 1933, pp. 69-90.

82. Hans Kelsen, "La méthode et la notion fondamentale de la théorie pure du droit", *Revue de métaphysique et morale*, XLI, 1943, pp. 183-204.

Provavelmente as dificuldades de publicar em vários países um texto que se situava entre o ensaio de revista e o livro induziram Kelsen a escrever a primeira edição da pequena obra intitulada *Reine Rechtslehre*. Publicada em 1934, esta foi difundida da forma como seu autor desejara que tivesse sido feito para o artigo que lhe dera origem: foi, com efeito, traduzida em nove línguas[83]. Graças à sua concisão e clareza, a tradução italiana dessa obra[84], realizada, também, por Renato Treves, conheceu uma incontrastável ventura: ventura já descrita em outra publicação[85].

A intersecção da cotidiana vida professoral com a tragédia da Alemanha torna hoje quase inexplicáveis as reações das pessoas submetidas àquelas tensões psicológicas. Guglielmo Ferrero – contemporâneo de Kelsen e seu colega de exílio em Genebra – escreveu sobre os "grandes medos" que acompanharam a Revolução Francesa, mas escreveu sobre esses medos com a mente inevitavelmente dirigida também para a revolução nacional-socialista de 1933. Por isso, observava: "aqueles que viveram num estado de ordem e paz" não podem sequer imaginar "o que é uma sociedade nas garras de um estado permanente de medo, no qual a vida se torna impossível e no qual até o homem mais razoável termina por fazer as coisas mais ab-

---

83. Métall, cit., p. 66.
84. Hans Kelsen, *La dottrina pura del diritto*. Traduzione di Renato Treves, Einaudi, Torino, 1952, 204 pp. Essa obra é a tradução da *Reine Rechtslehre* de 1934; publicada originariamente na "Biblioteca di cultura politica e giuridica", teve seis edições entre 1952 e 1964. Em 1967 foi reimpressa na série PBE com o título *Lineamenti di dottrina pura del diritto*. [Tradução de Renato Treves], Einaudi, Torino, 1967 (terceira edição), 227 pp. Sobre as publicações kelsenianas de Treves, cfr. Mario G. Losano, *Renato Treves, sociologo tra il Vecchio e il Nuovo Mondo*. Con il regesto di un archivio ignoto e la bibliografia di Renato Treves, Unicopli, Milano, 1998, pp. 58 ss.
85. Mario G. Losano, "Renato Treves e la casa editrice Einaudi: ricordi d'un piccolo mondo ormai antico", in: Vincenzo Ferrari, Morris L. Ghezzi, Nella Gridelli Velicogna, *Diritto, cultura e libertà*. Atti del convegno in memoria di Renato Treves, Giuffrè, Milano, 1997, pp. 663-89; ora também in Losano, *Renato Treves, sociologo tra il Vecchio e il Nuovo Mondo*, Unicopli, Milano, 1998, pp. 53-81.

surdas"[86]. Naqueles dias de 1933, Kelsen parecia ignorar completamente o "grande medo", e seu comportamento assumia até uma aura de irrazoabilidade exatamente porque razoável em tempos irrazoáveis.

Mesmo com a notícia oficialmente difundida da retirada dos passaportes dos professores "em disponibilidade", Kelsen retornou imprudentemente da Suécia a Colônia, requereu de modo quase absurdo um visto de saída da Alemanha e, surpreendentemente, o conseguiu. Conseguiu-o também graças à ajuda de um modesto e desconhecido empregado da universidade, que se apresentou a ele de espontânea vontade, informando-o ser um nacional-socialista desde o início, e colocando à disposição de Kelsen aqueles seus amigos que, na administração pública, poderiam ajudá-lo. De forma que, sem maiores problemas, Kelsen e sua família puderam deixar Colônia, dirigindo-se a Genebra.

Sobre a data precisa dessa transferência pode surgir alguma incerteza. De fato, até setembro de 1933 as provas do artigo italiano continuaram a ser enviadas a Viena, onde viviam a mãe e a irmã de Kelsen. Entretanto, a biografia de Métall desloca a partida de Colônia para a "tardia primavera de 1933". O certo é que Kelsen chegou a Genebra em 18 de setembro de 1933 e ali lecionou no Institut Universitaire de Hautes Études Internationales.

A partir daquele momento, as relações entre Kelsen e Del Vecchio sofreram uma brusca cesura, sendo retomadas depois da guerra, mas esparsas, ainda que permanecendo sempre ótimas. O advento da legislação racial italiana em 1938 atingira duramente Del Vecchio, que – enquanto judeu – fora primeiramente "colocado em disponibilidade" e depois "exonerado" de todo e qualquer encargo universitário, assim como fora suprimida a *Rivista internazionale di filosofia del diritto*. Essa fratura existencial

---

86. Guglielmo Ferrero, *Le due rivoluzioni francesi*, Sugarco, Milano, 1986, p. 34. A obra foi publicada postumamente em Genebra em 1951 e fundamenta-se nas aulas lecionadas por Ferrero (1871-1942) de 1940 a 1942, ano da sua morte.

provocou uma profunda mudança cultural em Del Vecchio, que se aproximou cada vez mais do pensamento católico[87].

Em 1937 Kelsen convidou Del Vecchio para participar da *Festschrift* em homenagem a Franz Weyr[88], e Del Vecchio aceitou o convite numa carta de 6 de janeiro de 1938, sobre a qual já pairavam os dramáticos acontecimentos que se perfilavam no horizonte: ele enviaria a Kelsen um escrito "se, como espero, circunstâncias imprevistas não me impedirem"[89]. Na verdade, para o político Del Vecchio a mudança institucional que amadurecia em Roma não podia ser "imprevista"; e com as leis raciais chegou também, em 25 de outubro, seu afastamento da universidade. O outono de 1938 foi exatamente o termo indicado por Kelsen para a entrega do escrito. À luz desses eventos, explica-se então por que Del Vecchio não pôde preparar aquele ensaio para a *Festschrift*[90].

Depois dessa carta de 1938, a correspondência se interrompeu até 1951. Terminada a guerra e retomada a vida universitária, Del Vecchio promoveu a nomeação de Kelsen como sócio de honra da Sociedade Italiana de Filosofia do Direito, por ocasião do VI Congresso Nacional ocorrido em Pisa, em 2 de junho de 1963[91]. A correspondência se encerra em 1965, com

---

87. 1938 é o ano que assinala para Del Vecchio o início de uma época atormentada: afastado da docência por motivos raciais, foi reintegrado no cargo em 1944, mas logo processado em vista de seu expurgo, devido ao seu comprometimento com o regime fascista. O processo se concluiu, senão com o seu afastamento definitivo, com a suspensão por um ano. Tendo decidido, entrementes, converter-se ao catolicismo e inserir-se no pensamento católico, quando encerrou a docência retornou às originárias posições nacionalistas, como o demonstram seus artigos publicados no jornal de extrema direita, *Il Secolo d'Italia*.
88. Kelsen a Del Vecchio, Praga, 17 de novembro de 1937.
89. Del Vecchio a Kelsen, Roma, 6 de janeiro de 1938.
90. A *Festschrift* foi publicada com escritos em tcheco e em alemão, mas não apresenta, porém, nenhuma contribuição de Del Vecchio.
91. Del Vecchio a Kelsen, Roma, 22 de fevereiro de 1963; a nomeação foi confirmada in Del Vecchio a Kelsen, Roma, 11 de julho de 1963; o agradecimento de Kelsen está in: Kelsen a Del Vecchio, Locarno, 18 de agosto de 1963. A biografia de Métall indica a data de 11 de julho de 1963, que é a data da comunicação oficial feita por Giorgio Del Vecchio.

uma troca de notícias sobre o interesse de Kelsen (a essa altura, definitivamente radicado em Berkeley) e de Newman por uma edição inglesa de escritos de Del Vecchio.

Ao final da análise desta correspondência, perguntamo-nos até que ponto existiu o recíproco interesse intelectual entre dois filósofos de tendências tão pouco compatíveis. Del Vecchio seguia "um jusnaturalismo que, partindo daquele kantiano, aproximava-se cada vez mais do jusnaturalismo tomista"[92]. Kelsen era, ao contrário, o campeão mais rigoroso do juspositivismo. Não os unia nem uma comum visão política – de fato, Del Vecchio era um fautor das idéias nacionalistas e fascistas, enquanto Kelsen simpatizava com os social-democratas –, nem uma comum fé religiosa, mesmo oriundos de famílias judaicas – Del Vecchio estava integrado na sociedade italiana, como era típico do judaísmo italiano, convertendo-se ao catolicismo somente depois de 1938, enquanto Kelsen, mesmo batizado, sempre fora agnóstico. Decerto os unia uma comum paixão pelo estudo, como faz ver o cuidado demonstrado por ambos com o intercâmbio das próprias publicações.

A *Rivista internazionale di filosofia del diritto* era regularmente enviada em troca da *Zeitschrift für öffentliches Recht* de Kelsen, e Del Vecchio lhe indicava com cuidado os exemplares que desta última faltavam[93]. Del Vecchio enviou ainda a Kelsen a segunda edição do seu *Lezioni di filosofia del diritto* (1932), bem como o curso por ele lecionado em Haia, intitulado *La Société des Nations*. Essas permutas continuaram mesmo quando Kelsen se transferiu para os Estados Unidos: um elenco de 1951 contém oito títulos enviados por Del Vecchio a Kelsen[94]. Tal expedição assinala a retomada das relações entre ambos depois dos atormentados anos da guerra.

---

[92]. Guido Fassò, *La filosofia del diritto dell'Ottocento e del Novecento*, Il Mulino, Bologna, 1988, p. 203.

[93]. Del Vecchio a Kelsen, Roma, 2 de março de 1933.

[94]. "Remetidos ao prof. Hans Kelsen os opúsculos: 1. The Unity of the Human Mind; 2. The Basis of Penal Justice; 3. Über die Rechtsphilosophie des H. G.; 4. Evoluzione; 5. Nota sul risarcimento del danno; 6. Brevi note; 7. Materialismo; 8. Dispute": Del Vecchio a Kelsen, Roma, 26 de maio de 1951.

Em 1933 Del Vecchio descreveu sua biblioteca a Kelsen: esta "compreende naturalmente, como precioso ornamento, muitas de suas obras, talvez, ou melhor, quase todas; e eu não somente delas faço objeto de uso pessoal, como também as coloco com muito gosto e freqüentemente à disposição de meus estudantes e de outros estudiosos"[95]. Com precisão de bibliófilo, constatava porém não estar certo de possuir também as últimas edições e elencava para tanto os títulos kelsenianos de sua biblioteca: nesta se encontram os *Hauptprobleme der Staatsrechtslehre* de 1911, o *Problem der Souveränität und die Theorie des Völkerrechts* de 1920, o *Wesen und Wert der Demokratie* de 1929, a *Allgemeine Staatslehre* de 1925, o *Soziologischer und juristischer Staatsbegriff* de 1928. Poderia então o seu correspondente vienense ajudá-lo "a atualizar a [sua] biblioteca" com indicações e envios? O desejo assim expresso por Del Vecchio era que por tal via conseguissem estreitar "cada vez mais entre [eles] os laços de cordial amizade" cingidos na visita a Viena de 1922[96].

Kelsen assegurou-lhe que não haviam saído novas edições, ou que estas eram de qualquer forma reimpressões das obras já existentes na biblioteca de Del Vecchio. A estas notícias, anexava "alguns novos escritos, em sinal de [sua] particular admiração"[97].

Uma das características dos epistolários é a irrupção do cotidiano entre os grandes eventos da história, quase recordando que a vida continua, com seus gestos rituais e com seus hábitos mínimos, mas insuprimíveis; mesmo que, vistos da perspectiva atual, aqueles gestos e hábitos pareçam quase em irreverente contraste com a tragicidade de certos momentos históricos.

Na correspondência entre Jhering e Gerber se inseria a história de uma toalha esquecida por Jhering na casa de Gerber e objeto de desculpas, pedidos, lembranças, esquecimentos e solicitações, numa epopéia epistolar concluída com o final feliz do re-

---

95. Del Vecchio a Kelsen, Roma, 2 de março de 1933.
96. *Ibid.*
97. Kelsen a Del Vecchio, Colônia-Marienburg, 23 de março de 1933.

torno da toalha ao distraído proprietário[98]. Na correspondência entre Del Vecchio e Kelsen, o cotidiano assume a veste de um insistente pedido de uma fotografia, tendo como pano de fundo o trágico advento do nacional-socialismo e o exílio de Kelsen. Como Kelsen participara dos *Studi filosofico-giuridici* em honra de Del Vecchio, este lhe enviou o próprio "retrato fotográfico" "em sinal de devota amizade e também de gratidão". Ao mesmo tempo, formulou um desejo: o de receber "um precioso retrato seu (possivelmente de formato não muito pequeno), que gostaria de inserir futuramente num álbum de eminentes juristas"[99]. Em 1933, Kelsen estava imerso num mar de problemas; agradeceu, assim, a fotografia do colega e prometeu preparar uma sua o mais breve possível[100]. Del Vecchio não desistiu, nem mesmo na carta de 1933, na qual atestava sua solidariedade a Kelsen, afastado da Universidade de Colônia porque era judeu (assim como o era, note-se, o próprio Del Vecchio): "Recordo-lhe – concluía implacável – meu desejo de ter seu retrato em fotografia (se possível, de formato não excessivamente pequeno)"[101]. Kelsen respondeu que faria o possível para contentá-lo: aquela resposta partia de Viena, onde, resguardado da censura postal nacional-socialista, procurava um refúgio fora da Alemanha[102]. Del Vecchio, ao informar Kelsen sobre a publicação do artigo que sintetizava sua doutrina pura do direito, não esqueceu de encerrar a carta de 12 de junho de 1933 lembrando a "fotografia gentilmente [a ele] prometida"[103], voltando a solicitar aquela "preciosíssima recordação", destinada ao "álbum das personalidades eleitas", também na carta do dia

---

98. Mario G. Losano (org.), *Der Briefwechsel zwischen Jhering und Gerber*, Verlag Rolf Gremer, Ebelsbach, 1984, vol. 1, XXII-693 pp.; e o relativo comentário: *Studien zu Jhering und Gerber*, Verlag Rolf Gremer, Ebelsbach, 1984, vol. 2, XXIII-432 pp.
99. Del Vecchio a Kelsen, Roma, 2 de março de 1933.
100. Kelsen a Del Vecchio, Colônia-Marienburg, 23 de março de 1933, no *post-scriptum*.
101. Del Vecchio a Kelsen, Roma, 29 de maio de 1933.
102. Kelsen a Del Vecchio, Viena, 1º de junho de 1933.
103. Del Vecchio a Kelsen, Roma, 12 de junho de 1933.

30 do mesmo mês[104]. Finalmente, Kelsen – preparando a atormentada transferência de Colônia a Genebra – pôde asseverar-lhe: "Hoje minha fotografia está finalmente pronta."[105]

O retrato de Kelsen estava assim acrescentado às outras fotografias recolhidas por Del Vecchio num álbum que – como me contou Bobbio, por ter vivido pessoalmente essa experiência – era minuciosamente ilustrado aos colegas em visita ao escritório particular de Del Vecchio. O álbum está conservado até hoje no Instituto de Filosofia do Direito em Roma, e o retrato de meio busto de Kelsen comunica ao observador uma imagem enérgica e severa do pensador com pouco mais de cinqüenta anos. Essa é talvez a melhor imagem de Kelsen que eu conheça, não por acaso proveniente de um conhecido ateliê fotográfico da Viena do anteguerra, o de Lotte Meitner-Graf[106].

As relações entre Kelsen e Del Vecchio se interseccionam com as de Treves, como foi visto: a essa intersecção dedica-se o próximo item, enquanto o sucessivo conclui o passeio pelo horizonte italiano, examinando o fugaz contato pessoal e o profundo contato intelectual de Kelsen com Bobbio, o fraterno amigo de Treves.

7. Renato Treves, pioneiro da doutrina pura do direito na Itália

Na divisão do trabalho feita por Gioele Solari entre seus alunos – filósofo do direito de sólida formação germânica, como de resto também Giorgio Del Vecchio –, a Bobbio foi entregue a fenomenologia e a Renato Treves o neokantismo[107].

---

104. Del Vecchio a Kelsen, Roma, 30 de junho de 1933.
105. Kelsen a Del Vecchio, Viena, 3 de julho de 1933.
106. Álbum fotográfico, Arquivo Giorgio Del Vecchio, Istituto di Filosofia del Diritto, Facoltà di Giurisprudenza, Università di Roma "La Sapienza": o retrato de Kelsen está na p. 43. O álbum, que é uma mina de retratos de filósofos do direito de todo o mundo, consta de pp. 72 + 1 n.n.; cada página contém na maioria das vezes vários retratos, quase todos de notável qualidade.
107. Sobre Renato Treves (1907-1992), veja-se o meu *Renato Treves. Un sociologo tra il Vecchio e il Nuovo Mondo*, cit., Unicopli, Milano, 1998, VIII-210 pp. e a literatura ali indicada.

Foi por essa via que Treves conheceu Hans Kelsen, primeiro no plano intelectual, depois, pessoalmente. Como visto, o jurista de Praga estava em contato com Giorgio Del Vecchio; provavelmente também com Gioele Solari, cujo arquivo não foi, porém, conservado. Por essa razão hoje não é possível reconstruir as relações entre Kelsen e Solari, assim como foi feito para Giorgio Del Vecchio.

Na origem do encontro de Treves com Kelsen está uma viagem à Alemanha de Norberto Bobbio, Renato Treves e Ludovico Geymonat em setembro de 1932[108], cuja recordação volta várias vezes nas reminiscências desses estudiosos. Depois da viagem, cada um se dirigiu a metas diferentes, determinadas pelas próprias exigências de estudo: Geymonat encaminhou-se na direção dos matemáticos de Göttingen; Bobbio, a Heidelberg, à procura de Radbruch e de Jaspers; Treves dirigiu-se a Colônia, para encontrar Kelsen. Posteriormente, juntos, participaram de um curso de verão de um mês na neokantiana Marburgo.

"Conheci Kelsen em Colônia, em setembro de 1932": assim inicia a lembrança de Treves, que continua: "Fui visitá-lo porque à época eu estava trabalhando sobre seus escritos e desejava obter alguns esclarecimentos sobre a fundamentação filosófica de seu pensamento"[109]. De fato, Treves estava prepa-

---

108. Ludovico Geymonat (1908-1991) formou-se em filosofia em 1930 e em matemática em 1932. Para ele, foi decisiva uma outra permanência germânica: em 1935, permaneceu seis meses em Viena, onde freqüentou o "Wiener Kreis". Este contato indicou-lhe a passagem do positivismo clássico ao positivismo lógico.

109. Renato Treves, "Prefazione" a Hans Kelsen, *Lineamenti di dottrina pura del diritto*, Einaudi, Torino, 1973, p. 11: o prefácio aqui citado encontra-se na terceira edição italiana da *Reine Rechtslehre* de 1934, que na Itália foi publicada em vestes editoriais diversas e com títulos ligeiramente modificados. As questões editoriais das traduções kelsenianas de Treves estão descritas em Mario G. Losano, "Renato Treves e la casa editrice Einaudi: ricordi d'un piccolo mondo ormai antico", no já citado *Diritto, cultura e libertà*, Giuffrè, Milano, 1997, pp. 663-89, ora reeditado in Mario G. Losano, *Renato Treves. Un sociologo tra il Vecchio e il Nuovo Mondo*, cit., Unicopli, Milano, 1998, pp. 53-81.

rando o volume sobre os fundamentos filosóficos do pensamento kelseniano, que seria publicado dois anos depois[110].

A situação política da época, entretanto, não podia certamente ser eliminada dos discursos, e sobre esse assunto Treves encontrou um Kelsen pessimista e já propenso a abandonar a Europa.

O fio da narração de Treves se entrelaça, assim, com o da correspondência de Del Vecchio. Kelsen – convencido da inelutabilidade da tomada do poder por parte dos nacional-socialistas e, neste contexto, de seu posterior exílio – difundiu entre seus correspondentes aquela ampla síntese da doutrina pura do direito, cuja tradução Del Vecchio confiaria a Treves (cfr. *supra*, pp. 32-3).

Treves deve ter terminado a tradução mais ou menos no final de setembro de 1933, porque em 25 daquele mês enviou a Kelsen uma carta, informando-o sobre a tradução concluída e solicitando-lhe esclarecimentos sobre alguns pontos teóricos da doutrina pura do direito.

Essa carta de Treves não se conservou, mas a detalhada resposta de Kelsen constitui um interessante documento que ajuda a enquadrar a teoria kelseniana no quadro das teorias jurídicas germânicas. Treves conservou-a entre seus papéis até o final de 1987, quando a publicou em tradução francesa[111]. Alguns anos depois, o texto original alemão foi publicado juntamente com sua tradução italiana[112].

Esse contato pessoal foi abruptamente encerrado pela guerra. Kelsen terminava a carta de 1933 anunciando sua transferência de Colônia para Genebra. Em 1938, enquanto Kelsen ainda era hóspede genebrino, as leis raciais colocadas em prá-

---

110. Renato Treves, *Il diritto come relazione. Saggio critico sul neokantismo contemporaneo*, Istituto Giuridico della Regia Università di Torino, Torino, 1934, 128 pp.

111. Renato Treves, "Un inédit de Kelsen concernant ses sources kantiennes", *Droit et société*, 1987, pp. 333-5.

112. Hans Kelsen, "Reine Rechtslehre, Labandismus und Neukantianismus", in Hans Kelsen/Renato Treves, *Formalismo giuridico e realtà sociale*. Org. de Stanley L. Paulson, ESI, Napoli, 1992, pp. 55-8; a tradução italiana está nas pp. 51-4.

tica pelo fascismo obrigaram Renato Treves a emigrar para a Argentina, onde permaneceu até o final da guerra, ensinando na Universidade de Tucumán[113].

As perturbações existenciais causadas pela guerra e seguidas, no momento da volta à pátria, pelo entusiasmo e pelas copiosas energias dedicadas ao intenso processo de renovação política pós-bélica, afastaram Treves (e, como veremos, também Campagnolo) do contato direto com Kelsen, que permaneceu nos Estados Unidos.

De volta à Itália, o interesse de Treves se concentrou prioritariamente na sociologia do direito, ainda que sua atenção por Kelsen tenha encontrado um modo de manifestar-se na tradução de 1952 da primeira edição da *Reine Rechtslehre* de 1934 e nas suas reimpressões seguintes (que foram a ocasião do nosso encontro e da minha passagem à Universidade de Milão), ou ainda no prefácio a uma reimpressão de *Società e natura*[114].

A riqueza dos fermentos kelsenianos encontra-se porém igualmente no Treves sociólogo do direito. Ele sublinhou várias vezes que a doutrina de Kelsen, tão rigorosa ao delimitar o campo do direito sem comistões com outras disciplinas (e, portanto, também com a sociologia), individuava – por assim dizer, *ex negativo* –, da mesma forma, uma sociologia do direito.

---

113. Uma reconstrução do itinerário intelectual e biográfico de Treves está in Mario G. Losano, *Prefazione*, in Renato Treves, *Sociologia del diritto. Origini, ricerche, problemi*, Einaudi, Torino, 1996, pp. XI-XLVI. Ora republicado in Mario G. Losano, *Renato Treves, sociologo tra il Vecchio e il Nuovo Mondo*, Unicopli, Milano, 1998, pp. 3-41; sobre os primeiros momentos da emigração, cfr. especialmente o *Postscriptum rioplatense* no mesmo volume, pp. 43-52; e, com o título *L'emigrazione dei giuristi milanesi nella Montevideo d'anteguerra*, também na *Rivista trimestrale di diritto e procedura civile*, 1999, n. 1, pp. 219-26.

114. Renato Treves, *Società e natura nell'opera di Hans Kelsen*, prefácio a Hans Kelsen, *Società e natura. Ricerca sociologica*, Bollati Boringhieri, Torino, 1992, pp. 1-12. A primeira edição desta obra foi publicada em 1953 pela Editora Einaudi.

8. Norberto Bobbio e o pensamento de Kelsen

Dos três viajantes de Turim em peregrinação às fontes da cultura de uma Alemanha à beira do precipício, somente Renato Treves encontrou pessoalmente Kelsen. Entretanto, mesmo a distância, o relacionamento de Bobbio com Kelsen foi intelectualmente muito intenso, a ponto de Bobbio considerá-lo, juntamente com Hobbes, um dos "dois pensadores que assinalaram especialmente o [seu] percurso de estudos"[115]. Em recente entrevista ele também sublinha esta ligação[116]. Os contatos pessoais entre eles, todavia, limitaram-se a um único encontro, ocorrido entre 22 e 23 de junho de 1957, no Institut International de Philosophie Politique de Paris, por ocasião de um seminário sobre o direito natural[117]. Na obra de Kelsen, por sua vez, encontrei até o momento somente uma citação de Bobbio, extraída de um texto em francês[118].

Gioele Solari dirigira os estudos do jovem Bobbio para a fenomenologia, da qual porém este já tinha começado a distanciar-se nos anos de guerra: "Minha 'conversão', se assim posso chamá-la, ao kelsenismo, que tomará boa parte de minha vida, era já clara desde quando, comentando a teoria do direito de Carnelutti [ou seja, em 1949], eu tomara a defesa da teoria pura do direito, contrariando um juízo depreciativo do grande,

---

115. Norberto Bobbio, *Autobiografia*. Org. de Alberto Papuzzi, Laterza, Bari/Roma, 1997, p. 141; Carlo Violi (org.), *Bibliografia degli scritti di Norberto Bobbio. 1934-1993*, Laterza, Bari/Roma, 1995, p. IX.

116. A entrevista foi publicada por Danilo Zolo: primeiro, com o título "Le ragioni di Kelsen", *Reset*, dezembro de 1997, n. 43, pp. 19-33; depois, no volume *I signori della pace*, Carrocci, Roma, 1998, pp. 85-106, com o título "Teoria del diritto e ordine globale. Un dialogo con Norberto Bobbio"; enfim, também em inglês: Norberto Bobbio/Danilo Zolo, "Hans Kelsen, the Theory of Law and the International Legal System: A Talk", *European Journal of International Law*, vol. 9, 1998, n. 2, pp. 355-67.

117. Bobbio, cit., p. 142.

118. Cfr. *supra*, p. 15: na *Allgemeine Theorie der Normen*, Manz, Wien, 1979, p. 357, nota 187, Kelsen cita o artigo de Bobbio, "Considérations introductives sur le raisonnement des juristes", *Revue internationale de philosophie*, 1954, pp. 67-84.

mas um tanto excessivamente seguro de si, jurista italiano; porém, já nas aulas em Pádua no ano acadêmico 1940-41, existia um parágrafo sobre a construção em degraus do ordenamento jurídico, que me fascinara desde aquele momento; alguns anos depois, tal construção tornar-se-ia o ponto de partida para definir o direito, não através das usuais características diferenciais da norma jurídica, mas através da especial estrutura do ordenamento jurídico."[119]

Com o esmaecimento do interesse pela fenomenologia, reforçava-se o interesse por Kelsen, de quem Bobbio apreciava a rigorosa construção sistemática: "Devo a Kelsen ter tido acesso sem esforço a um sistema completo de conceitos-chave para a compreensão realista (não ideologizada) do direito, distinto da sua base social e dos valores que vez por outra o inspiram."[120] Mesmo quando seus interesses o levaram da filosofia do direito à filosofia política, Bobbio continuou a encontrar em Kelsen uma fonte de inspiração. Se o "formalismo ascético"[121] do jurista de Praga provavelmente não mais o satisfazia, nele encontrava, porém, aquela "concepção procedimental da democracia"[122] que caracterizaria seus escritos politológicos sucessivos.

Kelsen entrou em contato com o grupo de Turim em 1933, quando Del Vecchio confiou a Renato Treves a tradução da síntese da doutrina pura do direito, com a qual Kelsen preparara seu novo exílio. Também o volume kelseniano de 1934, nascido do desenvolvimento daquele ensaio, foi traduzido por Treves: era, como vimos, a primeira edição italiana de *La dottrina pura del diritto*, publicada em 1952[123].

---

119. Carlo Violi (org.), *Bibliografia degli scritti di Norberto Bobbio. 1934-1993*, Laterza, Bari/Roma, 1995, pp. VII s.; os escritos de Bobbio aos quais o texto se refere são: "Francesco Carnelutti, teorico generale del diritto", *Giurisprudenza italiana*, Parte IV, 1959, colunas 113-27; *Lezioni di filosofia del diritto*, Grafolito, Bologna, 1941, 267 pp. (mimeografado): especialmente o item 69, pp. 205-8.
120. Carlo Violi (org.), *Bibliografia degli scritti di Norberto Bobbio. 1934-1993*, Laterza, Bari/Roma, 1995, p. XXVI.
121. Violi, cit., p. XXV.
122. Bobbio, *Autobiografia*, cit., Laterza, Bari/Roma, 1997, p. 88.
123. Cfr. *supra*, nota 84.

O primeiro ensaio de Bobbio sobre Kelsen teve início exatamente dessa tradução de Renato Treves[124]. A este, seguiram-se depois várias outras contribuições, dez das quais recolhidas no volume de 1992[125]. Enfim, o último dos ensaios de Bobbio até o momento publicados sobre Kelsen é exatamente dedicado às relações entre Kelsen e Campagnolo, reproduzido neste volume[126].

Não é este todavia o momento para traçar um quadro, ainda que sumário, dos estudos kelsenianos de Bobbio[127]: nossa atenção deve ora concentrar-se no encontro de Kelsen com Campagnolo e, por essa via, chegar ao relacionamento entre Bobbio e Campagnolo (item 15). Para seguir mais de perto as relações entre Kelsen e Campagnolo é contudo necessário separarnos da sua correspondência com Del Vecchio e dos contatos com a Escola de Turim: é preciso retornar ao período genebrino e à docência de Kelsen no Institut Universitaire de Hautes Études Internationales.

Kelsen e Campagnolo

9. Hans Kelsen, de Colônia a Genebra

As relações de Kelsen com o Institut Universitaire de Hautes Études Internationales iniciaram-se em 1929, quando o diretor William E. Rappard o convidara para ir a Genebra pro-

---

124. Norberto Bobbio, "La teoria pura del diritto e i suoi critici", *Rivista trimestrale di diritto e procedura civile*, 1954, pp. 356-77.
125. Uma parte significativa desses ensaios está reunida in Norberto Bobbio, *Diritto e potere. Saggi su Kelsen*, ESI, Napoli, 1992, 222 pp.
126. Norberto Bobbio, "Nazioni e diritto: Umberto Campagnolo allievo e critico di Hans Kelsen", *Diritto e cultura*, 1993, pp. 118-32.
127. Um aprofundamento inicial nessa direção foi oferecido pelo próprio Bobbio no prefácio ao volume *Diritto e potere. Saggi su Kelsen*, ESI, Napoli, 1992, pp. 5-12. Uma bibliografia dos estudos sobre Bobbio, tanto italianos quanto estrangeiros, está in Carlo Violi (org.), *Bibliografia degli scritti di Norberto Bobbio. 1934-1993*, Laterza, Bari/Roma, 1995, p. XXX e nota 12.

ferir uma série de conferências[128]. Tais conferências ocorreram na primavera de 1930, quando para Kelsen a situação vienense já estava irremediavelmente deteriorada.

Antes mesmo de decidir-se por Colônia, Kelsen pensara em emigrar para a Suíça, também pela possibilidade de ali lecionar em alemão: seu objetivo era a Universidade de Zurique, a qual entretanto nunca demonstrou interesse pelo jurista de Praga. Mesmo depois de 1933, foi exatamente a dificuldade de ensinar numa língua estrangeira que o levou a não aceitar convites para lecionar em Londres ou nos Estados Unidos, preferindo Genebra às outras cidades, com a consciência de que ensinar em francês custar-lhe-ia, sim, grandes esforços, mas sempre menores do que ensinar em inglês.

Kelsen abandonou então a Alemanha nacional-socialista por Genebra. Ali iniciou suas aulas no Institut Universitaire de Hautes Études Internationales em 18 de setembro de 1933, permanecendo naquela cidade até 28 de maio de 1940, quando o desencadear da guerra o conduziu precisamente aos Estados Unidos, que procurara evitar.

Os sete anos em Genebra lhe ofereceram excelentes possibilidades de estudo num ambiente acadêmico acolhedor. Suas

---

128. Naqueles anos, Kelsen, quase cinqüentenário, era também um aferrado internacionalista, sobre cuja doutrina não podemos ora debruçar-nos. É suficiente a remissão a um recente número do *European Journal of International Law*: neste, além da entrevista de Bobbio já mencionada na nota 116 (Norberto Bobbio/Danilo Zolo, "Hans Kelsen, the Theory of Law and the International Legal System: A Talk", *European Journal of International Law*, vol. 9, 1998, n.º 2, pp. 355-67), encontra-se uma bibliografia dos escritos de e sobre Kelsen relativos ao direito internacional (Nicoletta Bersier Ladavac, "Bibliographical Note and Biography", pp. 391-400) e uma série de ensaios: Charles Leben, *Hans Kelsen and the Advancement of International Law*; François Rigaux, "Hans Kelsen on International Law"; Antony Carty, "The Continuing Influence of Kelsen on the General Perception of the Discipline of International Law"; Clemens Jabloner, "Kelsen and his Circle: The Viennese Years"; e, enfim, as recordações pessoais de Gaetano Arangio-Ruiz, Eduardo Jiménez de Arechega e Oscar Schachter. Danilo Zolo publicou aqui "Hans Kelsen: International Peace through International Law", que retoma o seu "La guerra, il diritto e la pace in Hans Kelsen", *Filosofia politica*, 1998, pp. 187-208.

preocupações nasciam dos acontecimentos europeus, cada dia mais trágicos, que incidiam na sua vida cotidiana de exilado. Entre outras coisas, Kelsen perdera o direito à aposentadoria, tanto na Alemanha quanto na Áustria. Também por isso aceitou um convite para lecionar na Universidade Alemã de Praga, que lhe oferecera uma cátedra vinculada à cidadania tchecoslovaca e a uma aposentadoria. Atraía-lhe a possibilidade de poder lecionar em alemão – ele que declinara um convite para os Estados Unidos porque inseguro do próprio inglês e que escolhera a Suíça como terra de exílio e de liberdade, na esperança de obter a cátedra num cantão de língua alemã.

Genebra concedeu-lhe um semestre livre a cada ano para ensinar em Praga; mas, a essa altura, o turbilhão nacional-socialista estava arrebatando também a Tchecoslováquia.

Tendo chegado à sua Praga natal em outubro de 1936, quase não conseguiu dar aulas devido aos tumultos dos estudantes nacional-socialistas, que colmavam a sala e, com a aula já começada, abandonavam-na gritando: "Que fiquem somente os judeus e os comunistas!". A autorização para lecionar em semestres alternados em Genebra e em Praga foi interpretada generosamente pelos genebrinos: não obstante aquela primeira e traumática experiência, Kelsen retornou à sua cidade natal para o que restava do semestre invernal de 1936-37 e no semestre de verão de 1937. Entretanto, a situação degenerara a ponto de ele precisar lecionar e locomover-se somente com escolta policial, até porque recebera ameaças de morte.

O retorno a Genebra em 1938 selou sua definitiva separação da Universidade de Praga: com efeito, o outono daquele ano, na Tchecoslováquia, não viu o início do seu semestre, mas sim a crise dos "Sudetos", que culminara com a Conferência de Munique de 29 de setembro de 1938 e com a ocupação militar nacional-socialista de toda a Tchecoslováquia, em março de 1939.

A aproximação da guerra era àquela altura inexorável, e por isso Kelsen decidiu abandonar a Europa. E o decidiu talvez de forma precipitada, sob a nefasta influência de sua experiência em Praga: a anexação da Áustria (*Anschluß*) e a ocupação da Tchecoslováquia lhe pareciam na verdade antecipar o destino que pendia também sobre a Suíça. Decidiu certamente com padecimento, como se lê nas cartas escritas nos seus primeiros meses americanos, ainda plenos de incerteza pelo futuro: os de Genebra, dizia, "foram os anos mais belos de toda minha vida acadêmica"[129]; e exatamente por isso "sinto minha consciência doer – hoje mais do que na época – por ter deixado Genebra daquele jeito, como se estivesse fugindo. Minha única justificação é que, desde 1933, vivia sob a constante pressão de um pesadelo que, caro senhor Rappard, bem pode imaginar; sobretudo, minhas experiências em Praga me induziam à máxima prudência"[130].

Kelsen deixou Genebra em 28 de maio de 1940 e – partindo com o último avião de Locarno para Barcelona, e dali para Lisboa, onde embarcaria – chegou aos Estados Unidos em 21 de junho de 1940. Pela quarta vez, e com a idade de 60 anos, precisava recomeçar a construir uma existência e enfrentar a docência em uma outra língua estrangeira. Após uma breve permanência em Nova York e três anos na Harvard Law School, no semestre 1942-43, iniciou a docência na University of California, uma colaboração que durou até o final de seus dias, em 19 de abril de 1973.

Mas retornemos aos fecundos anos em Genebra: foi nesse período que Kelsen encontrou o exilado italiano Umberto Campagnolo, ou melhor, que Campagnolo encontrou Kelsen.

10. Umberto Campagnolo, de Pádua a Genebra

Numa noite glacial de dezembro de 1933, Umberto Campagnolo atravessava a Pont du Mont-Blanc arrastando uma gran-

---

129. Hans Kelsen a William E. Rappard, 5 de junho de 1940, citado in Nicoletta Bersier Ladavac, *Hans Kelsen à Genève. 1933-1940*, Thémis, Genève, 1996, p. 23.

130. Hans Kelsen a William E. Rappard, 23 de junho de 1940, cit., *ibid.*, p. 24. As páginas sucessivas do texto de Nicoletta Bersier Ladavac contêm outras interessantes informações sobre os primeiros anos americanos de Kelsen, extraídas da inédita correspondência com William E. Rappard, diretor do Institut Universitaire de Hautes Études Internationales.

de mala. O exilado, com pouco menos de trinta anos, acabara de chegar a Genebra, após deixar a Itália e seu trabalho de professor de filosofia e história no Liceu Tito Livio de Pádua. Deixava para trás uma carreira brilhante mas não ortodoxa, assim como brilhante e não ortodoxo seria seu destino dali em diante. Entrementes, no futuro imediato, esperava-o a mais completa incerteza[131].

Nascido em Este em 25 de março de 1904, formara-se brilhantemente em Pádua em filosofia teórica com Erminio Troilo e passara à docência da filosofia nas escolas secundárias. Em 1933, todavia, a inscrição no Partido Nacional Fascista tornou-se obrigatória para ensinar. A essa imposição, acrescentaram-se "alguns incidentes políticos", porque ele difundia – ainda que prudentemente – revistas da Igreja Valdense, a qual assumira um decidido posicionamento antifascista. Tais circunstâncias induziram-no a optar pela via do exílio. Escolheu Genebra porque reconhecia a cidade como um tradicional lugar de refúgio, e não porque nela o atraíssem conhecimentos ou apoios.

Inscreveu-se novamente na Faculdade de Letras e Filosofia de Genebra para poder aprofundar estudos sobre Aristóteles, já iniciados na Itália. "Foi assim que – escreve em um *curriculum* seu – tive na época a ventura de encontrar-me com o professor Kelsen, que fora convidado pelo Institut Universitaire de Hautes Études Internationales. Extraordinariamente interessa-

---

131. Uma vez que essas páginas concentram-se nas relações entre Kelsen e Campagnolo, limito-me a assinalar alguns textos úteis para reconstruir globalmente o pensamento e a vida de Umberto Campagnolo. A revista *Comprendre. Revue de politique de la culture* publicou um número especial inteiramente dedicado a Umberto Campagnolo e intitulado *L'Europa, la cultura e la pace. A vent'anni da un'eredità spirituale – a cinquant'anni da un'idea: la Société Européenne de Culture*, Società Europea di Cultura, Venezia, 1999, 258 pp. Particularmente interessante para o assunto do presente artigo são as contribuições de Norberto Bobbio, "Un uomo del secolo"; de Eugenio Ottolenghi, "Il giovane esule a Ginevra"; e de Giuseppe Galasso, "Nazioni e diritto: genesi di un pensiero civile". Outrossim: *Dizionario biografico degli italiani*, vol. 34; *Dictionnaire international du fédéralisme*, Bruylant, Bruxelles, 1994, pp. 175 s.; "Pour commemorer Umberto Campagnolo", *Comprendre*, 1977-1978, vol. 43-4, pp.1-43 (especialmente os dois textos de Jean Lacroix e de Maurice Cranston sobre o livro *Nations et droit*, pp. 34-7).

do pela sua doutrina, com ele estudei por vários anos, nas aulas e em freqüentes conversas particulares."[132]

Os refugiados que viviam na Suíça não podiam trabalhar, o que lhes criava não poucas dificuldades práticas. Tais dificuldades foram especialmente gravosas para Campagnolo, cujas poucas economias levadas para a Suíça esvaneceram-se na falência do banco no qual as depositara. Sua sobrevivência estava assim ligada a pequenos trabalhos editoriais (Guglielmo Ferrero lhe encarregara de escrever algumas rubricas para uma enciclopédia sueca, à época em fase de organização) e à obtenção de bolsas de estudo.

O contato com Kelsen e o interesse pelo direito internacional, unidos a essa situação contingente, induziram Campagnolo a pedir uma bolsa de estudo para seguir um curso na Academia de Direito Internacional de Haia. A carta de apresentação preparada por Kelsen – sob a orientação do qual Campagnolo já estava preparando a tese de doutorado, mais adiante comentada – traz a data de 7 de março de 1935 e exprime em termos não convencionais a estima do docente de Praga pelo jovem filósofo, que se transformara em jurista:

"Sinto o dever de apoiar calorosamente o pedido anexo de Umberto Campagnolo. Após ter sido professor de escola secundária no seu país de origem, ele decidiu há algum tempo estudar o direito internacional e, com essa finalidade, freqüentou os cursos do Institut Universitaire de Hautes Études Internationales. Ele está trabalhando num importante estudo sobre os fundamentos teóricos do direito internacional; já tive ocasião de ler partes desse estudo e posso afirmar que, entre todos aqueles publicados por jovens autores sobre problemas de direito internacional, esse é um dos melhores que eu conheço. A

---

132. *Curriculum* datilografado e assinado por Umberto Campagnolo, 6 pp.: esse inédito foi colocado gentilmente à minha disposição pela Société Européenne de Culture. O documento não traz data, mas deve remontar a 1947, visto que Campagnolo ali alude ao fato de lecionar, "há quatro anos", um curso na Universidade de Pádua; tendo sido Campagnolo chamado a lecionar nessa universidade por Concetto Marchesi, em setembro de 1943.

grande cultura filosófica de Umberto Campagnolo permite-lhe ter, sobre os problemas teóricos do direito, posicionamentos de uma elevação raramente alcançada pelos especialistas fechados na própria disciplina. A esta, acrescenta-se um conhecimento muito amplo do direito positivo, um agudo sentido da lógica e um espírito dotado de uma rara força de penetração, o que faz crer que ele possa tornar-se um dia um eminente teórico do direito internacional. Entre todos os que requerem uma bolsa para a Académie de Droit International de Haia, Umberto Campagnolo é decerto um dos mais dignos para obtê-la, não apenas pelas suas excepcionais qualidades científicas, mas também pela sua situação pessoal: sem um apoio econômico, com efeito, ser-lhe-ia impossível freqüentar os cursos em Haia, aliás necessários para sua formação científica. Raras as pessoas que deste curso poderiam auferir maior proveito do que Umberto Campagnolo. Por isso, considero meu dever científico recomendá-lo de modo especial à atenção do Curatorium."[133]

Na Holanda, a trajetória intelectual de Campagnolo se interseccionou com a de Giorgio Del Vecchio, que em 1931 ali lecionou um curso exatamente sobre a Sociedade das Nações, ou seja, sobre o tema que se tornou central nas pesquisas de Campagnolo durante seu exílio na Suíça.

Em particular, precisamente o volume que reunia as aulas lecionadas por Del Vecchio em Haia[134] deixou um sinal profundo na tese e, depois, no livro de Campagnolo: efetivamente, toda a terceira parte, intitulada *Une conception philosophique de la Société des Nations*[135], é dedicada às teorias do filósofo romano. Nas discussões da tese, mais de uma vez foi apontado esse desequilíbrio em relação à análise de outras teorias, dese-

---

133. Hans Kelsen ao Kuratorium da Académie de Droit International de Haia, Genebra, 7 de março de 1935, datilografado em papel de cópia, em francês, carta conservada no Arquivo particular da Família Campagnolo, Veneza.

134. Giorgio Del Vecchio, *La Société des Nations au point de vue de la philosophie du droit international*, Académie de Droit International, Recueil de Cours, 1931, vol. IV (38), pp. 541-649.

135. Campagnolo, *Nations et droit*, cit., pp. 257-99.

quilíbrio por outro lado diretamente proporcional ao interesse que o escrito de Del Vecchio suscitara em Campagnolo.

Este último, de fato, considerava aquele escrito o único caso importante de análise da Sociedade das Nações conduzido sob um ponto de vista rigorosamente técnico-filosófico: recusando as "vagas concepções históricas e morais" que se passavam por filosofia, Campagnolo encontra em Del Vecchio o rigor perseguido no seu próprio trabalho sobre o tema. Ademais, a doutrina de Del Vecchio "apresenta-se como uma tentativa extremamente hábil e sugestiva de compreender e justificar, ainda que andando além delas, as duas tendências, monista e dualista, com base nas quais é concebida a realidade jurídica"[136]. Também nisso Campagnolo advertia uma forte afinidade com as próprias posições (cfr. o ensaio de Bobbio, *infra*, pp. 77-99).

Após o curso em Haia, iniciou-se uma troca de cartas entre o jovem exilado e Del Vecchio, que o considerava "um cultor dos estudos de filosofia do direito, animado por elevados e sérios propósitos"[137]. Campagnolo lhe enviara inicialmente um artigo[138], anunciando-lhe depois a publicação, àquela altura próxima, de seu livro: "Se o senhor me fizer saber seu meritório juízo, fará decerto coisa para mim utilíssima e da qual ser-lhe-ei profundamente grato. Espero que o senhor possa nele reconhecer, para além das divergências de opinião, uma honesta vontade de interpretar corretamente seu pensamento."[139]

---

136. Cit., p. 259.
137. Giorgio Del Vecchio a Umberto Campagnolo, Roma, 30 de maio de 1938 – XVI (carta datilografada, Arquivo particular da Família Campagnolo, Veneza). A cópia dessa carta está no Arquivo Giorgio Del Vecchio, Istituto di Filosofia del Diritto, Facoltà di Giurisprudenza, Università di Roma "La Sapienza".
138. Umberto Campagnolo, "La notion de 'personne juridique' dans la Doctrine Pure du Droit", *Revue internationale de la théorie du droit*, 1937; pp. 215-28; com toda probabilidade, é a esse escrito que a carta citada na nota anterior se refere.
139. Umberto Campagnolo a Giorgio Del Vecchio, Genebra, 4 de junho de 1938, Arquivo Giorgio Del Vecchio, Istituto di Filosofia del Diritto, Facoltà di Giurisprudenza, Università di Roma "La Sapienza". Acompanhava essa carta de 4 páginas manuscritas também o artigo "L'antinomie dans

O juízo de Del Vecchio, solicitado por Campagnolo também na carta que acompanhava o livro[140], chegou um ano depois, porque entrementes as leis raciais haviam abalado a vida do filósofo romano (cfr. item 6). Sua resposta iniciava com um *understatement* sob forma de pedido de desculpas, "se, por várias circunstâncias, demorei até o momento a escrever-lhe"; depois, calando sobre a dramaticidade daquelas "várias circunstâncias", assim continuava: "recebi à época, tendo ficado muito satisfeito, seu volume *Nations et droit*. Apreciei sinceramente a amplitude e a profundidade de sua tratativa, sobre um assunto tão importante e difícil. Penso que o trabalho do senhor poderá ser de real utilidade para os estudiosos. Em particular, devo ser-lhe grato pela atenção diligente com a qual se ocupou do meu modesto trabalho"[141].

Na atual fase de reorganização, o arquivo de Del Vecchio não parece conter outros documentos sobre Campagnolo. O advento da guerra, o forçado isolamento de Del Vecchio e, no pós-guerra, o interesse de Campagnolo por problemas não mais teóricos, mas práticos, de relações internacionais, bem como, enfim, a adesão a movimentos ideológicos diversos (e muitas vezes contrapostos) separaram definitivamente a vida dos dois estudiosos.

11. O vastíssimo plano de pesquisa de Campagnolo

A descoberta do mundo do direito e o início do trabalho de doutorado tinham nesse meio tempo induzido Campagnolo

---

l'organisation internationale", *Revue internationale de la théorie du droit*, 1936, pp. 125-33 (cfr. *infra*, nota 148). Del Vecchio agradece pelo artigo: Giorgio Del Vecchio a Umberto Campagnolo, Roma, 18 de julho de 1939, cópia de carta datilografada, também esta no Arquivo Giorgio Del Vecchio.

140. Umberto Campagnolo a Giorgio Del Vecchio, Abano, 28 de julho de 1938, uma página manuscrita, Arquivo Giorgio Del Vecchio, Istituto di Filosofia del Diritto, Facoltà di Giurisprudenza, Università di Roma "La Sapienza".

141. Giorgio Del Vecchio a Umberto Campagnolo, Roma, 13 de novembro de 1939, carta datilografada, Arquivo particular da Família Campagnolo, Veneza.

a traçar um plano de pesquisa de vastíssimas proporções. Hoje ainda é possível dele reconstruir toda a arquitetura, combinando as partes publicadas com os manuscritos inéditos conservados em Veneza.

a) Os cinco capítulos inéditos sobre a noção de direito

Ao preparar a tese, Campagnolo se encontrava na incômoda posição de quem precisa enfrentar um campo novo: ele era de fato um filósofo experiente, mas um jurista neófito. Sem desenconrajar-se, ele empreendeu uma análise filosófica do direito. A esse tema dedicou uma vasta pesquisa até hoje inédita, na qual propunha-se definir a noção de direito, para depois poder, com esse fundamento, reexaminar a doutrina do direito internacional.

Os capítulos são precedidos por um prefácio que explica a que visa o autor: e é preciso dizer que visava bem ao alto. "Este livro – assim começa o *Préface* manuscrito e nunca publicado – gostaria de aportar a contribuição de uma idéia pessoal ao desenvolvimento da teoria do direito. Ele inicia procurando indicar as grandes linhas de uma concepção geral do direito e nelas depois fundamenta a noção de direito internacional. Não é um vão desejo de independência que o induz a iniciar-se nesses temas, mas a convicção de que não se pode pretender dizer uma palavra nova sobre a teoria do direito internacional sem justificá-la com base numa concepção geral do direito: de fato, o livro põe em questão a existência mesma do direito internacional. Com base nessa noção, o livro enfrentará alguns dos temas mais importantes e mais debatidos do direito internacional, com o fim de demonstrar desse modo a validade da tese sustentada."[142]

Já nessas palavras adverte-se que a pesquisa de Campagnolo se articula em duas fases: antes de tudo, ele se propõe definir o direito; depois, examinar as relações entre o direito assim definido e o direito internacional. A dimensão do tema sugerira a

---

142. "Préface", p. 1, na pasta "La norme juridique et le droit international", Arquivo particular da Família Campagnolo, Veneza.

Hans Kelsen, como será visto, um título igualmente vasto: *Norme juridique et droit international*[143]. Evidentes razões práticas, porém, induziram Campagnolo a restringir o campo da pesquisa apenas à temática internacionalista, ainda que fundamentada na definição de direito por ele elaborada na primeira fase da pesquisa.

Exatamente nessa definição de direito está, todavia, a raiz de seu contraste insanável com Hans Kelsen; uma vez que Campagnolo deduz logicamente suas argumentações da sua definição de direito, resulta impossível encontrar um ponto de contato com as doutrinas que partem de definições diversas.

Essa primeira parte da pesquisa de Campagnolo, porquanto conceitualmente essencial, permaneceu inédita. Dela foi conservado o manuscrito de cinco capítulos que já apresentam um aspecto elaborado e, em certa medida, definitivo[144].

b) O sexto capítulo se torna tese e livro

O sexto capítulo desse trabalho não publicado se desenvolveu até tornar-se a verdadeira e própria tese de doutorado de Campagnolo, defendida no final de 1937. O item 13 trata da tese especificamente; aqui é importante inseri-la no quadro geral dos estudos e dos escritos do Campagnolo genebrino. Sua gênese é assim descrita no *curriculum* anteriormente citado: "Fruto da intensa atividade de estudos e de pesquisa, provocada freqüentemente pelas discussões com o Mestre – ali se lê –, foi o trabalho que apresentei à Universidade de Genebra, em associação com o Institut Universitaire de Hautes Études Internationales, para a obtenção do doutorado em Ciências Políti-

---

143. Hans Kelsen à Commission Mixte de l'Institut Universitaire et de l'Université de Genève [Genebra, 5 de janeiro de 1934]; cfr. *infra*, item 13 (Arquivo do Institut Universitaire de Hautes Études Internationales, Genebra).

144. Esses capítulos estão conservados na pasta já mencionada, "La norme juridique et le droit international", Arquivo particular da Família Campagnolo, Veneza.

cas. Sensibilizado pela profunda discordância existente entre as várias doutrinas do direito internacional, e não satisfeito com a crítica da Reine Rechtslehre, tentei uma radical revisão dos conceitos fundamentais de direito, de Estado, de soberania, de relações internacionais, de direito internacional etc."[145]

Essa "revisão radical" era não apenas ambiciosa, mas ainda em aberto contraste com a doutrina de Kelsen, como se pode ver mais difusamente na reconstrução de Norberto Bobbio (cfr. *infra*, pp. 86 ss. do artigo de Bobbio) e nos documentos publicados pela primeira vez neste volume. De resto, não era certamente com temor reverencial que o filósofo Campagnolo transpusera o umbral do direito, graças também "ao ensino e às discussões doutas e penetrantes do meu Mestre, o professor Kelsen"[146]: não somente Kelsen, mas todos os cultores do direito internacional lhe pareciam seguir uma direção estéril.

Na *Avant-propos* da sua tese, o posicionamento crítico de Campagnolo e sua conseqüente tentativa de realicerçar todo o direito internacional são formulados com audácia juvenil:

"Bem cedo tive a impressão de que fosse despendida uma grande quantidade de energias intelectuais em pesquisas que não somente a reflexão, mas até mesmo a rápida sucessão dos eventos, antes ainda da reflexão, demonstravam-se vãs e infrutíferas. Procurando o motivo dessa situação, cheguei à conclusão de que isso dependia do fato de que o chamado ponto de vista internacional, com base no qual se enquadram os problemas, na realidade não existe, sendo o resultado da confusão entre o ponto de vista da ciência e o ponto de vista da política. Assim, na tentativa de dar uma solução científica a problemas essencialmente políticos, era inevitável chegar a resultados cientificamente falsos e politicamente ineficazes. Um erro de tal forma importante, fonte constante de ilusões, era evidentemente possível somente à vista da insuficiência dos princípios científicos. Todavia, em razão de uma mal compreendida preocupação por

---

145. *Curriculum* datilografado assinado por Umberto Campagnolo, 6 pp., cit.
146. *Curriculum* cit.

uma atualidade e uma utilidade superficiais e aparentes, continuava-se a subestimar o exame desses princípios, servindo-se sempre – não obstante os repetidos insucessos – das categorias tradicionais, sem submetê-las a uma avaliação mais aprofundada. Assim é que, na iminência de executar um estudo sobre uma questão de direito internacional, encontrei-me diante da alternativa: enfrentar os problemas cardeais da realidade do direito e da ciência, ou renunciar ao meu trabalho."[147]

Todavia, a profunda divergência de visões nascida daquela "revisão radical" não levou jamais a uma ruptura entre o docente minucioso e seu polêmico aluno. Ao contrário, os escritos de Campagnolo encontraram hospitalidade na *Revue internationale de la théorie du droit*, dirigida por Kelsen e à época publicada em Brno, na Tchecoslováquia. Nessa revista, foram ainda publicados outros três ensaios de Campagnolo, inspirados diretamente na doutrina pura do direito[148].

Afinal, como já foi observado a propósito de Carl Schmitt, Kelsen não admitia que criticassem suas teorias e as defendia com energia não raramente cortante; porém, no plano pessoal, não somente não guardava rancor para com o adversário valoroso, mas, ao contrário – como veremos –, dele reconhecia os méritos intelectuais.

---

147. Umberto Campagnolo, *Nations et Droit. Le développement du droit international entendu comme développement de l'État*, Alcan, Paris 1938, pp. XIII s. Esse *Avant-Propos* está contido na edição publicada da tese: sobre as relações entre tese datilografada, tese publicada e volume definitivo, cfr. *infra*, item 14, especialmente a nota 160.

148. Umberto Campagnolo, "L'antinomie dans l'organisation internationale", *Revue internationale de la théorie du droit*, 1936, pp. 125-33; "La notion de 'personne juridique' dans la Doctrine Pure du Droit", *Revue internationale de la théorie du droit*, 1937, pp. 215-28; "La terminologie kelsénienne", *Revue internationale de la théorie du droit*, 1939, n. 1, pp. 88-101. Desse último escrito existe também uma separata autônoma com o mesmo título, pelas Éditions Polygraphiques, Zürich, 1939, 14 pp.

c) A crítica inédita à Sociedade das Nações

Enfim, além de cinco capítulos inéditos e da tese publicada, Campagnolo preparou ainda uma continuação menos teórica e mais propositiva da sua visão da Sociedade das Nações. Esse amplo escrito em italiano fora concebido como a segunda parte de *Nations et droit*, mas permaneceu inédito[149].

Em 1939, Campagnolo conseguiu, orientado por Maurice Bourquin (que fizera parte da sua Comissão de doutorado), a livre-docência na Universidade de Genebra, graças à qual pôde ensinar na Faculdade de Direito daquela universidade. Também o breve ensaio sobre problemas do desarmamento, que constituiu seu trabalho de livre-docência, permanece inédito[150]. As conferências anunciadas para o semestre do verão de 1941 estavam ligadas aos seus temas prediletos: *L'État et ses rélations extérieures* e *Conférence de philosophie du droit*[151].

12. Os apontamentos das aulas com Kelsen e outros manuscritos de Campagnolo

O vivo interesse de Campagnolo pelas aulas de Kelsen está demonstrado também nos apontamentos manuscritos, escritos naqueles anos e até hoje conservados.

---

149. "Un commento postumo al Patto della Società delle Nazioni", com o subtítulo: "Alcuni problemi fondamentali della Società delle Nazioni riguardanti specialmente lo sviluppo del diritto internazionale", na mesma pasta na qual se encontra "La norme juridique et le droit international", Arquivo particular da Família Campagnolo, Veneza. Esse material, em italiano e datilografado, apresenta-se como um texto pronto para a publicação: de fato, o datilografado consta de 201 páginas em interlinha dupla, com notas ao pé da página e poucas correções a mão.

150. "La politique du désarmement", na pasta "Appunti U. C. 1934. Lezioni Kelsen. Travail pour obtenir [ilegível] privat-docent", Arquivo particular da Família Campagnolo, Veneza. O material, em francês e datilografado, consta de 22 páginas em interlinha dupla. A anotação final de meia página em francês é talvez do relator na prova de livre-docência.

151. Université de Genève, *Programme des cours du semestre d'été 1941*, Genebra 1941, p. 34.

Uma prova do fato de que o interesse de Campagnolo por Kelsen tenha existido desde os primeiros meses do seu exílio é fornecida por um bloco quase inteiramente preenchido por apontamentos em francês, escritos nas aulas de Kelsen. Na primeira página se encontra a data de 26 de fevereiro de 1934: passaram-se assim menos de três meses desde que o jovem professor paduano chegara a Genebra[152].

Muito mais rica, mas também mais heterogênea, é a coleção dos apontamentos que Campagnolo tomava durante suas próprias leituras e após os colóquios com Kelsen. Desses apontamentos, pode-se construir um quadro geral dos interesses que animavam Campagnolo e, em particular, reconstruir alguns assuntos de encontros com Kelsen. Os temas variam desde as notas de leitura do livro sobre corporações fascistas de Arnaldo Volpicelli (intelectual já mencionado como alma da revista que primeiro apresentou na Itália algumas traduções de Kelsen: cfr. *supra*, p. 10) a apontamentos já bem estruturados sobre o substrato indiferente do *Sollen* e do *Sein*; sobre a guerra justa; sobre sociedade e indivíduo; sobre o problema dos valores; e assim por diante. As dimensões dos apontamentos variam desde as poucas linhas ao ensaio *in nuce*; as anotações são ora em francês, ora em italiano; os temas, ora filosóficos, ora jurídicos; a redação, ora provisória, ora ordenada (mesmo não se podendo avaliar o quanto seja definitiva). Uma análise detalhada dessa documentação está contida na edição italiana deste meu volume.

---

152. "Block Notes", na pasta "Appunti U. C. 1934. Lezioni Kelsen. Travail pour obtenir [ilegível] privat-docent", Arquivo particular da Família Campagnolo, Veneza. É a mesma pasta na qual se encontra o inédito "La politique du désarmement", citado *supra* em nota. As notas estão escritas com caneta, nem sempre de modo claro, e preenchem quase completamente um bloco de notas de papel quadriculado, cujas folhas não foram destacadas. Entre as folhas do bloco às vezes estão intercaladas páginas soltas de apontamentos.

13. A tese de doutorado

A decisão de redigir uma tese de direito internacional está documentada numa breve carta de Kelsen, de janeiro de 1934, na qual ele propõe a Campagnolo também o título do trabalho: *La norme juridique et le droit international*[153]. Campagnolo terminará por usar um título diverso, porque considerava aquele proposto por Kelsen como o título geral da própria pesquisa, da qual a tese constituía somente uma parte.

Em novembro de 1937, o Institut expediu um exemplar da tese para Kelsen, em Praga, com o pedido de motivar em profundidade seu juízo, também em vista da eventual publicação "d'un aussi gros ouvrage"[154]. O pedido dessa carta explica, por um lado, o vasto desenvolvimento das considerações de Kelsen e, por outro, suas observações finais sobre a publicação do livro. Também o Institut, naquela carta, revelava-se benevolamente propenso à publicação.

A tese de Campagnolo é analisada a fundo por Kelsen, sobretudo na parte que ele, no seu juízo, chama de "positiv-konstruktiv". Mais do que a crítica às outras doutrinas, que ocupa boa parte da tese, interessa-lhe a conclusão à qual chega Campagnolo: se a primazia é do direito do Estado, e não do direito internacional, chegar-se-ia ao Estado mundial – fim último da construção de Campagnolo – somente por uma via que Kelsen designa como "imperialista": aquela pela qual um Estado impõe sua vontade sobre a soberania dos outros. A essa via contrapõe-se aquela "federalista", própria de quem aceita – como Kelsen – a primazia do direito internacional e, assim, vê a possibilidade de chegar-se ao Estado mundial por intermédio de federações sucessivas, e não através da expansão da "soberania" de um único Estado à custa da soberania dos outros.

---

153. Hans Kelsen à Commission Mixte do Institut Universitaire et de l'Université de Genève, [Genebra], 5 de janeiro de 1934.
154. WR./HB [William E. Rappard] a Hans Kelsen [Genebra], 26 de novembro de 1937, Arquivo do Institut Universitaire de Hautes Études Internationales, Genebra.

Essas teses podem ser estudadas diretamente nos textos de Campagnolo e nos escritos de Kelsen ora publicados neste volume. Interessa aqui sublinhar dois aspectos.

Em primeiro lugar, a visão imperialista do teórico Campagnolo parece contrastar com sua sucessiva e férvida atividade no movimento federalista europeu, da qual se ocupa o item 15. Mas entre a tese de 1937 e o empenho federalista dos anos 50, intermedeia a Segunda Guerra Mundial e a constatação empírica do que podia significar a expansão da soberania de um único Estado em detrimento dos restantes. O "Império milenar" que devastara a Europa não era decerto a federação européia – primeiro passo na direção daquela mundial – sonhada por Campagnolo. Mas também no plano teórico ele repelia a acusação de fornecer uma base teórica ao imperialismo. A tarefa a que se propusera com sua pesquisa, sublinhava Campagnolo, fora a de oferecer uma contribuição ao *conhecer*, e não ao agir. Então, sua teoria, ao indicar os caminhos possíveis para construir o Estado universal, para ser completa e sistemática deveria indicar que os caminhos possíveis eram dois: o do imperialismo e o do federalismo. Quando do plano do conhecimento se passa ao plano da ação, deve-se a essa altura escolher qual dos dois caminhos seguir.

O problema não resolvido da teoria de Campagnolo, a essa altura, é que – escolhidas as premissas que conduzem necessariamente à supremacia do direito estatal sobre o direito internacional – ao filósofo resta somente uma via logicamente coerente com as premissas: a do imperialismo.

Em segundo lugar, Kelsen observava que os acontecimentos políticos daqueles anos reforçavam a visão estatalista e, dessa forma, "imperialista", do direito internacional. Precisamente nas últimas páginas de seu relatório sobre a tese, Kelsen recordava que uma outra tese, partindo da convicção oposta da primazia do direito internacional, chegara a resultados semelhantes aos de Campagnolo. "Ambos os trabalhos são sintomas característicos do nosso tempo, assinalado pela decadência da Sociedade das Nações e por um notável debilitamento da eficácia do direito internacional" (cfr. p. 136 do juízo de Kelsen sobre Campagnolo). Por outro lado, a crítica à Sociedade das

Nações é um elemento constante nos trabalhos do Campagnolo daqueles anos e ocupa uma parte notável dos seus planos de trabalho futuros: não se esqueça o amplo escrito sobre esse tema, até o momento inédito, que completaria a tese (cfr. *supra*, p. 59).

Esse posicionamento crítico de Campagnolo sobre a Sociedade das Nações criou também algumas dificuldades para a publicação da tese, ainda que recomendada pelo próprio Kelsen. O Institut era de fato uma instituição ligada não somente à Universidade mas também à Sociedade das Nações, ficando, assim, em dificuldades para financiar a publicação de um trabalho crítico em relação à própria Sociedade. A carta que seguiu poucos dias após a discussão da tese era de tom bem diverso daquela que acompanhara o exemplar para Kelsen a Praga .

"Visto que o senhor – escrevia William Rappard a Kelsen –, não obstante sua minuciosa crítica das opiniões sustentadas pelo sr. Campagnolo, delas recomenda a publicação, e visto que também os outros colegas que leram o trabalho chegaram a conclusões semelhantes às suas, ainda que não fundamentadas com idêntica profundidade, nada impede obviamente o *imprimatur*." O Institut porém havia adotado o princípio de não financiar a publicação de teses; esse argumento é porém apresentado com uma nuança polêmica, uma vez que à enunciação do princípio segue-se um realce que poderia parecer supérfluo, mas que, evidentemente, não era: "Mesmo que admitíssemos exceções, coisa que pode sempre ser fatal, parece-me particularmente inoportuno que fizéssemos uma exatamente neste caso. Não obstante todas as declarações contrárias, uma semelhante exceção não poderia ser explicada de outra forma senão como uma ligação interna entre este Instituto e as opiniões do autor."[155] Identificação que se queria evitar pelas razões expostas anteriormente.

Essa controvérsia constituía entretanto um fato interno ao instituto genebrino, que não impediu a publicação do volume. Não devem especialmente ser interpretadas como último eco dessa discordância as palavras do comunicado oficial que a "Commission

---

155. WER/AG [William E. Rappard] a Hans Kelsen [Genebra], 29 de dezembro de 1937, Arquivo do Institut Universitaire de Hautes Études Internationales, Genebra.

Mixte" antepõe ao volume: a Comissão "autoriza a publicação da tese [...] sem exprimir nenhuma opinião sobre as afirmações nesta contidas"[156]. Trata-se de uma fórmula praticamente ritual, que concluía o *imprimatur*. Encontramo-la idêntica, por exemplo, numa outra tese que Hans Kelsen discutira no ano anterior[157]: observe-se que esta última tese afirmava a primazia do direito internacional, ou seja, o contrário do sustentado por Campagnolo.

A preclusão se referia sobretudo "aos meios do Institut": o obstáculo era então mais administrativo do que cultural. Aquela carta se concluía por isso com a promessa de que o Instituto esforçar-se-ia para encontrar uma solução positiva: e o concreto interesse que se seguiu a esta carta possibilitou a publicação da tese em tempos breves.

14. Da tese genebrina ao livro Nations et droit

O trabalho de Campagnolo foi discutido em dezembro de 1937. "A tese – continua o já mencionado *curriculum* – suscitou muitas e algumas vezes até vivazes objeções por parte de quase todos os membros da Comissão julgadora (professores Kelsen, Bourquin, Wehberg, Ferrero, Mantoux), os quais foram todavia unânimes em reconhecer a sua seriedade e também sua originalidade. O diploma me foi conferido com a mais elevada menção para a tese e para a discussão." No ano seguinte, a tese foi publicada em Paris[158].

O nome de Guglielmo Ferrero, incluído entre os dos membros da comissão, suscita dúvidas: de fato, se bem que ele tives-

---

156. "Autorize l'impression de la thèse [...] sans exprimer d'opinion sur les propositions qui y sont énoncées": texto assinado por Paul Mantoux, Diretor do Institut, e datado de 22 de fevereiro de 1938: *Nations et droit*, cit., p. XI.

157. Ao final de seu juízo sobre Campagnolo, Kelsen faz referência às teses de Walter Schiffer, *Die Lehre vom Primat des Völkerrechts in der neueren Literatur*, Druck der Spamer AG, Leipzig, 1937, 286 pp.: cfr. *infra*, p. 136, nota 50. O *imprimatur* encontra-se na p. 4.

158. Umberto Campagnolo, *Nations et Droit. Le développement du droit international entendu comme développement de l'État*, Alcan, Paris, 1938, 307 pp.

se sido também exilado em Genebra e fosse docente naquela Universidade, não consta das atas sua participação na Comissão julgadora de Campagnolo, e nem mesmo foi encontrado um relatório seu sobre a tese – como ao contrário ocorreu com Hans Wehberg, Maurice Bourquin, Paul Mantoux e Paul Guggenheim – cujos textos estão reproduzidos neste volume (cfr. Cap. VI.). Ferrero também não foi mencionado nas poucas linhas oficiais que a "Commission Mixte" publicou na abertura do volume *Nations et droit*, dela autorizando a publicação como tese: ali estão mencionados apenas os cinco docentes já aludidos, juntamente com o diretor da Faculdade de Direito, Paul Carry, como representante da universidade genebrina.

Por outro lado, Ferrero também ensinava em Genebra, e uma profunda amizade e um afeto quase paterno o ligavam a Campagnolo: o jovem exilado paduano recordava-lhe o filho falecido, que teria, se vivo, a sua idade. A única explicação, assim, para a inserção do nome de Ferrero em alguns documentos não oficiais que se referem à defesa da tese de Campagnolo pode estar ligada a sua presença, importante mas informal, na própria discussão.

A cópia datilografada da tese destinada a Hans Kelsen encontra-se ora conservada em Veneza. Os numerosos sinais nas margens e os grifos comprovam a leitura atenta que se poderia esperar de Kelsen; faltam, todavia, quase completamente, anotações ou glosas nas margens. Com toda a probabilidade, no correr da leitura Kelsen já tomava notas à parte, notas que lhe serviriam para a redação do juízo traduzido neste volume.

O juízo de Kelsen tem assim como objeto a tese datilografada; em particular, suas remissões se referem às páginas do datilografado e não às do livro, embora ele já tivesse sido publicado no momento da discussão.

Da tese publicada existem duas edições levemente diferenciadas: uma é a tese em sentido estrito; a outra, o volume destinado às livrarias[159]. As duas edições podem ainda hoje re-

---

159. Os exemplares impressos como tese trazem essa menção no frontispício e têm as páginas do *Avant-Propos* diferenciadas por números romanos, além de contarem com XV-307 pp. Os exemplares destinados às livrarias têm, porém, 305 pp. As razões dessas diferenças estão explicadas no texto.

presentar fontes de dúvida, porque ambas estão presentes nas bibliotecas. A diferença entre elas foi acordada no contrato com o editor: os duzentos exemplares destinados a servir oficialmente como tese "terão uma capa especial, o *imprimatur*, o prefácio e uma nota bibliográfica, que, ao contrário, não aparecerão nos exemplares destinados à venda "[160]. Em outras palavras, o conteúdo da tese publicada coincide com o da tese manuscrita[161]. À tese publicada foi acrescentado apenas o prudente *imprimatur*, no qual o Institut de certo modo se distancia das idéias expostas por Campagnolo (cfr. pp. 63 s.).

Campagnolo encerrara a tese (tanto a manuscrita, quanto a publicada) com uma nota na qual explicava por que considerara oportuno não preparar uma bibliografia: nota omitida na edição destinada ao público, mas muito útil para compreender o método de trabalho de Campagnolo, ou seja, a procedência de suas reflexões especulativas, mais de filósofo, do que exegeses textuais de jurista.

"A questão estudada – escrevia nessa nota final da tese – logo colocou diante de mim os problemas fundamentais da filosofia, que podem ser enfrentados apenas através de uma meditação pessoal, à qual as obras dos vários autores podem oferecer estímulo e alimento, mas não servir como fonte de informação. Ora, é evidente que este não é o lugar para descrever o elenco dos livros úteis a uma boa nutrição espiritual [...] Devo dizer logo que, mesmo não tendo dúvidas sobre o fato de estar em débito com alguns, ou com muitos, eu mesmo experimentaria um grande embaraço se precisasse dizer onde encontrei as idéias que sustento. Sei todavia que freqüentemente as dessumi das conversas com pessoas das quais não saberia citar as obras, porque nunca as escreveram. Uma lista de minhas leituras, admitindo-se que fosse possível fazê-la, seria assim inteiramen-

---

160. Anexo datilografado ao contrato pré-impresso entre a Librairie Félix Alcan e Umberto Campagnolo, Paris, 14 de fevereiro de 1938: Arquivo particular da Família Campagnolo, Veneza.
161. A edição italiana desse volume expõe detalhadamente as diferenças entre o texto datilografado e a segunda edição impressa.

te insuficiente. Em suma, ao leitor que deseje realmente compreender meu pensamento e que não conseguiu fazê-lo num primeiro estudo, a única coisa que posso dizer é que, com paciência, tente novamente. Ouso esperar que ele terminará por descobrir, assim, este meu pensamento, porque posso honestamente assegurar-lhe que ele existe, mesmo obscurecido ou velado por uma formulação inadequada, pela qual – espero – queira perdoar-me."[162]

Concluindo, o texto datilografado da tese e as duas edições dela publicadas não apresentam diferenças substanciais. Conseqüentemente, as observações de Kelsen, formuladas com referência ao texto datilografado da tese, conservam plenamente sua validade no que diz respeito a ambos os textos publicados.

Em Genebra, Campagnolo manteve seus estudos inicialmente com trabalhos editoriais e com bolsas de estudo; depois, obtida a habilitação docente para filosofia do direito na Universidade de Genebra, ali lecionou cursos de doutrina geral do Estado, "com referência sobretudo às suas relações externas, podendo dessa forma verificar e aplicar os conceitos que elaborava"[163].

Esse período de docência universitária, porém, não parece ter consolidado seus contatos com Kelsen. Na verdade, o relacionamento intelectual entre eles era curiosamente contraditório: convencidos ambos da exatidão das próprias idéias, com tenaz polidez, não cediam um passo em favor do outro. Quem lê o juízo crítico de Kelsen sobre a tese de Campagnolo e a intransigente resposta de Campagnolo àquele juízo (resposta já por si só insólita no ambiente acadêmico) tem hoje mais a impressão de ler dois monólogos paralelos do que um debate em torno de um núcleo comum.

Os dois filósofos precisavam, entretanto, resolver problemas não somente de caráter teórico. No último biênio genebrino, ou seja, entre 1938 e 1940, é provável que a iminência da guerra tenha feito tanto Kelsen quanto Campagnolo viver com

---

162. *Note bibliographique ou plutôt sur la bibliographie* (tese, pp. 290 s. da numeração datilografada; pp. 309 s. da numeração carimbada).
163. *Curriculum* datilografado de Umberto Campagnolo, cit., p. 2.

a mala ao alcance das mãos. Kelsen já tinha se mudado, reduzindo ao máximo seu *ménage* em vista de uma expatriação a essa altura próxima. Campagnolo movia-se ainda contra a corrente: "prevendo uma mobilização geral, à qual não pretendia subtrair-me, decidi regressar à pátria"[164].

Assim, em 1940, encontramos Kelsen nos Estados Unidos e, em 1941, Campagnolo na empresa Olivetti de Ivrea. De fato, a mobilização geral não ocorrera, e Adriano e Massimo Olivetti – conhecidos também desde o exílio suíço – ofereceram a Campagnolo a possibilidade de organizar uma biblioteca de fábrica em Ivrea e uma editora: as "Novas Edições de Ivrea" (NEI), que depois se transformaram nas milanesas "Edizioni di Comunità".

Em 1943, Campagnolo foi chamado para lecionar na Universidade de Pádua, cujo reitor (após a queda de Mussolini em 25 de julho do mesmo ano) era o latinista e comunista Concetto Marchesi, que permaneceu no cargo graças ao posicionamento conciliador do então ministro da Educação Nacional, o constitucionalista Carlo Alberto Biggini, "fascista convicto, mas pessoa digna"[165].

Naquela universidade ensinava também Norberto Bobbio, que Campagnolo conhecera durante os anos de guerra: fora Roberto Ago – cunhado de Bobbio e internacionalista próximo às teorias kelsenianas –, em 1942, que o apresentara a Bobbio, durante as férias de verão, com toda probabilidade em Courmayeur. Desse encontro nasceu uma colaboração e uma amizade às quais é ora oportuno dirigir nossa atenção.

15. *Norberto Bobbio e o período federalista de Campagnolo*

Nos anos seguintes à guerra, Bobbio e Campagnolo se reencontraram na Universidade de Pádua, mas não consta que

---

164. *Ibid.*
165. Bobbio, *Autobiografia*, Laterza, Bari/Roma, 1997, p. 54.

tivessem mantido intensos contatos, até porque foram para lá chamados em períodos diversos: Bobbio, em 1940; Campagnolo, em setembro de 1943. Além disso, Bobbio foi preso por suas atividades antifascistas em 6 de dezembro de 1943, exatamente quando Campagnolo iniciava seu período de docência em Pádua.

Bobbio retornou a Pádua em 1945, ali permanecendo até 1948[166]: nesse período, os contatos com Campagnolo se estreitaram devido ao interesse comum pelo federalismo.

Efetivamente, logo após o final da guerra, diante dos desastres e da destruição, o Movimento Federalista Europeu propunha-se não apenas empreender a simples reconstrução dos Estados-nação, mas ainda tentar a construção dos Estados Unidos da Europa, superando o ódio ainda vivo que dividia cada um dos Estados entre si e, neles, cada facção. Também nesta batalha Campagnolo esteve na linha de frente.

Em Pádua, com um grupo de outros docentes, tornou-se promotor de um *Manifesto das universidades italianas para a federação das nações da Europa*, pedindo ainda, para tanto, a adesão de Bobbio, tendo em vista que naqueles primeiros meses de 1946 este participara do debate sobre os Estados Unidos da Europa, embora com posicionamentos não coincidentes aos de Campagnolo.

Bobbio manifestara, com efeito, suas dúvidas sobre a exeqüibilidade de uma federação européia, porque a ele parecia não mais existir uma consciência européia: "As guerras napoleônicas a criaram. A Primeira Guerra Mundial pareceu aperfeiçoá-la. Esta nossa guerra talvez a tenha destruído irreparavelmente."[167] Campagnolo rebatera, compartilhando o juízo

---

166. Bobbio lecionou posteriormente em Turim até quando se tornou professor emérito em 1984: cfr. Bobbio, *Autobiografia*, cit., pp. 64 ss. Em uma conversa, Bobbio confirmou-me não terem sido freqüentes os contatos com Campagnolo nos primeiros anos de docência na Universidade de Pádua.

167. Norberto Bobbio, "Il federalismo e l'Europa", *L'unità europea*, 5 de março de 1946, p. 1. Esta carta de Bobbio é uma réplica a um artigo de Augusto Monti.

de Bobbio sobre o final dos Estados nacionais da velha Europa, mas, ao mesmo tempo, convidava-o a olhar adiante, para a Europa que nasceria da união, não dos Estados, mas dos povos. Hoje, há mais de meio século de distância, a visão de Campagnolo e sua referência à autodeterminação – ainda que na sua dimensão utópica – adquirem uma inesperada atualidade: "Se nós disséssemos considerar, como consideramos, que a Inglaterra imediatamente, e a Rússia num próximo avenir, devam fazer parte da federação européia, nossa resposta seria, mais do que um compromisso programático, uma previsão política."[168]

É a esse debate que Bobbio se refere numa carta a Campagnolo, na qual sintetiza a complementaridade, e não o contraste, dos posicionamentos de ambos: exatamente por isso ele enviava sua adesão ao manifesto de Pádua, encontrado com certa dificuldade.

"Anexo, assim, somente hoje minha adesão. No fundo, apesar de nossos dissensos, combatemos numa frente única. Se você tivesse presenciado a conferência que fiz em Pádua, por iniciativa da Associação de professores universitários, sobre os Estados Unidos da Europa e, sobretudo, a discussão que se seguiu, teria ficado automaticamente, talvez após um dissenso inicial, ao meu lado contra o misoneísmo e o microcefalismo dos nossos colegas que, no fundo, acham que os Estados nacionais vão muito bem e que uma federação destruiria o sentido da pátria e outras belas coisas desse tipo! É uma pena que você não tenha estado presente; mas tive poucos dias para escolher a data da conferência, tendo que ir primeiro a Roma, e desejado depois ir a Turim. Decerto que aquela discussão me convenceu de que o dissenso entre nós dois é um riacho que se pode saltar com pouco esforço, enquanto o dissenso que nos separa dos ilustres docentes é um oceano em tempestade.

Li sua resposta à minha carta sobre a Europa [no quinzenal *L'unità europea*]. Não obstante que você, lá e cá, acerte

---

168. Umberto Campagnolo, "L'Europa federalista", *L'unità europea*, 5 de abril de 1946, p. 1.

no alvo (às vezes porém seu raciocínio permanece para mim obscuro), continuo a acreditar que o problema da Europa seja um equívoco perigoso exatamente por causa do federalismo. Vejo na Europa Estados individualmente considerados, mas não vejo, sobretudo agora, a Europa propriamente. Assim, compreendo que seja possível federar alguns desses Estados individualmente considerados, mas não vejo como se possa federar a Europa. Movimento federalista na Europa, em resumo, mas não movimento federalista da Europa."[169]

Os caminhos de Bobbio e Campagnolo cruzar-se-iam mais uma vez por ocasião do primeiro concurso de filosofia do direito do pós-guerra, em 1947. Bobbio era um membro da banca examinadora e Campagnolo, um dos concorrentes: um daqueles, porém, que não foram bem-sucedidos, porque o primeiro lugar foi entregue a Enrico Opocher (aluno de Bobbio em Pádua), em segundo ficou Cesare Goretti e em terceiro, Luigi Bagolini.

Todavia, essa derrota não interpôs nenhuma sombra no relacionamento de ambos, porque Campagnolo não colocara a universidade no centro de seus interesses. A ele interessava mais a organização da cultura e das relações políticas internacionais: e, mais uma vez, foi em Genebra que seus projetos tomaram corpo.

Após o final da guerra, quase como reação à volta à pátria de tantos ilustres emigrantes, foram instituídos os "Rencontres Internationales de Genève": "Nossa vida local se empobrecia – escreve Starobinski –, mas se abria um espaço europeu." A abertura entretanto era tímida: as "Rencontres" foram um "lugar de encontro e de reflexão", foram "um hóspede benévolo", mas "deixaram a cada ouvinte a tarefa de tirar a soma dos debates"[170]. Isso ocorreu em 9 de setembro de 1946, no de-

---

169. Norberto Bobbio a Umberto Campagnolo, Turim, 21 de abril de 1946, Arquivo particular da Família Campagnolo, Veneza.
170. Jean Starobinski, "L'esprit européen. Umberto Campagnolo et les Rencontres Internationales de Genève", *Comprendre*, 1999, pp. 149-53; comunicação feita no congresso *L'Europa, la cultura, la pace. A vent'anni da*

bate que se tornou célebre entre Jaspers e Lukács. Campagnolo estava presente e, no último debate, tomou a palavra para propor ir mais além: era tempo de criar uma "Société Européenne de Culture" que em certa medida antecipasse no plano intelectual a futura Europa política, assim como a "Société helvétique" anunciara a confederação suíça. A sociedade proposta por Campagnolo seria, assim, não apenas "uma hóspede benévola", mas sim uma protagonista mesmo da vida cultural e política européia[171].

O projeto inicial de Campagnolo traz a data de 6 de setembro de 1946: quase a indicar que a sua "Société Européenne de Culture" continuava, e mesmo superava, as "Rencontres Internationales de Genève". Somente em maio de 1950, todavia, aquele projeto tornou-se realidade em Veneza, onde a Bienal hospedou a "Société", que esperava o momento para transferir-se para sua sede nas esplêndidas Procuratie, em Piazza San Marco. Dali partiram as primeiras iniciativas destinadas a manter vivos os contatos culturais na Europa dividida pela guerra fria; e Bobbio esteve envolvido nesse projeto desde o primeiro momento.

Assim é que Bobbio e Campagnolo encontraram um terreno comum, não tanto na atividade universitária quanto na político-cultural. Quando em 1950 Campagnolo fundou a Société Européenne de Culture, logo convidou Bobbio para dela fazer parte; tomou forma, assim, uma atividade comum que reforçou o fugaz conhecimento de veraneio dos tempos da guerra e consolidou o compromisso conjunto em prol do federalismo, transformando-o numa constante colaboração de déca-

---

un'eredità spirituale – a cinquant'anni da un'idea: la S.E.C., 1946, Veneza, 25-26 de outubro de 1996; cfr. outrossim: Michelle Campagnolo-Bouvier, "Les Rencontres internationales de Genève et la Société Européenne de Culture", in *L'Europe aujourd'hui*. XXX Rencontre internationale de Genève, La Baconnière, Neuchâtel, 1986, pp. 154-59.

171. A transcrição da intervenção de Campagnolo encontra-se in: *L'esprit européen*. Textes in-extenso des conférences et des entretiens organisés par les Rencontres Internationales de Genève, Zeluck, Paris, 1946, pp. 343-48.

das. Por sua vez, em 1953, Bobbio organizou em Turim uma das primeiras reuniões do Conselho Executivo da "Société", dirigindo, em seguida, a revista, *Comprendre* desde a morte de Campagnolo, em 1976, até 1988, quando se tornou presidente honorário da Sociedade.

Essa longa colaboração com a Société Européenne de Culture traduziu-se numa correspondente série de escritos sobre as relações entre política e cultura[172]. Quando lhe foi apresentada a monumental bibliografia dos seus escritos, examinando o índice analítico Bobbio constatava: "o assunto por mim tratado foi aquele das relações entre política e cultura, ou melhor, do variado posicionamento dos intelectuais diante do poder. Essa primazia deriva, em parte, da minha assídua participação na vida da Société Européenne de Culture, fundada por Umberto Campagnolo, que colocara estatutariamente na ordem do dia o problema da 'política da cultura', e, em parte, do fato de que me vi caminhando numa linha de fronteira incerta, mal traçada e, dessa forma, nem sempre bem visível, entre estar totalmente comprometido e estar descomprometido, entre o serviço e a evasão, entre a obediência e a deserção"[173].

---

172. Bobbio, *Autobiografia*, cit., pp. 95-8: ali se encontra um panorama da Société Européenne de Culture e de suas atividades. As intervenções de Bobbio nas reuniões da Société Européenne de Culture, em geral em francês, estão in *Comprendre*, 1952, p. 37; 1953, p. 33; 1954, pp. 70-1, 75, 90, 92, 93, 95; 1955, pp. 276-78; 1957, pp. 272, 277, 293, 295 s.; 1958, p. 307; 1959, pp. 378 s., 382 s.; 1962, pp. 350 s.; 1963, pp. 102-4; 1977-78, pp. 3-5, 261-70. Diretamente conexos à Société Européenne de Culture e a Umberto Campagnolo são ainda: "Filosofia politica o politica della filosofia? Risposta a Umberto Campagnolo", *Rivista di filosofia*, 1960, pp. 473-76; "Ricordo di un'antica amicizia", in *Umberto Campagnolo e la Società Europea di Cultura*, Este, 1986, pp. 35 s.; "La risposta di Bobbio" in: *La Société Européenne de Culture e l'Enciclopedia Italiana*, Istituto dell'Enciclopedia Italiana, Roma, 1989, pp. 17-22; enfim, o já recordado "Nazioni e diritto: Umberto Campagnolo allievo e critico di Hans Kelsen", *Diritto e cultura*, 1993, pp. 118-32.

173. Carlo Violi (org.), *Bibliografia degli scritti di Norberto Bobbio. 1934-1993*, Laterza, Bari/Roma, 1995, p. XXX; sobre a Société Européenne de Culture, cfr. ainda p. XII s.

O influxo de Campagnolo sobre o Bobbio filósofo militante encontra seu "testemunho mais forte" – assim como me disse o próprio Bobbio – nas páginas seguintes, com as quais quarenta anos antes Bobbio iniciara provavelmente o mais célebre de seus livros, *Política e cultura*, de 1955, que contribuiu como nenhum outro para "restabelecer a confiança na discussão", numa época não muito propícia a discutir. "Em 1951, falava-se em 'política de blocos'; em 1953, começou-se a falar de 'coexistência'; agora [1955] fala-se de 'distensão'. Os blocos exigem a força dos fatos mais do que a brandura das palavras. A coexistência pode contentar-se com o silêncio. Mas como seria possível a distensão sem a tecedura de um diálogo contínuo, sincero, vivaz e fecundo entre as partes em conflito?" Bobbio e Campagnolo foram infatigáveis em dar o "bom exemplo" desse diálogo. E aqui vem o "testemunho mais forte": os ensaios reunidos em *Política e cultura* – escrevia Bobbio – "talvez nunca tivessem nascido – é minha obrigação reconhecê-lo – sem as ocasiões proporcionadas pela minha assídua participação na vida da Société Européenne de Culture, que colocou o diálogo entre seus princípios constitutivos, e a cujo promotor e organizador, o amigo Umberto Campagnolo, desejo exprimir minha gratidão pelo exemplo de honestidade intelectual e de firmeza nas idéias diretivas que ele me ofereceu constantemente nos últimos anos"[174].

16. Conclusão: o oceano entre Berkeley e Veneza

Esse e outros eventos pós-bélicos não devem porém distrair-nos dos eventos genebrinos de Campagnolo e do seu contato com Kelsen, que chegara, a essa altura, ao seu epílogo.

O fascínio que a personalidade de Kelsen exercitava sobre Campagnolo parece muito superior à influência que a doutrina pura do direito teve sobre o pensamento deste. A gestação da tese e a discussão suscitada por aquele escrito teriam

---

174. Norberto Bobbio, *Politica e cultura*, Einaudi, Torino, 1955, p. 10.

tido provavelmente um desenvolvimento diverso – Campagnolo mesmo pensava num volume que continuasse as idéias expressas em *Nations et droit* – se a guerra não tivesse intervindo. E, com o final da guerra, também foi uma efervescência de idéias novas que levou Campagnolo a ocupar-se de temas sempre ligados às nações e ao direito, mas profundamente diversos das teorias jurídicas e internacionalistas.

Para ele, durante e após a guerra, seguiram-se a atividade editorial com Adriano Olivetti, a direção do Instituto para os Estudos de Política Internacional (o atual ISPI de Milão), a militância e depois a direção do Movimento Federalista Europeu, a fundação e a promoção da Société Européenne de Culture para lançar uma ponte entre as duas partes da Europa dividida em posicionamentos opostos, a direção da revista *Comprendre*.

Kelsen, por seu lado, transferiu-se para Berkeley e continuou sua intensa atividade de estudioso, endereçada sobretudo a aperfeiçoar ao extremo as teorias formuladas na Europa: basta pensar nas diferenças existentes entre a primeira e a segunda edição da *Reine Rechtslehre*, respectivamente, de 1934 e de 1960. O mundo do mestre era, a essa altura, a América; o do aluno, a Europa, ou melhor, a Europa dividida pela guerra fria. O interesse do mestre permanecia o direito; o do aluno, retornava à filosofia, ou melhor, à filosofia militante que ele chamava de "política da cultura".

Durante e após a guerra, o mestre e o aluno pareciam nem mesmo querer procurar um contato ulterior: o nome de Campagnolo não aparece na obra de Kelsen e a revista *Comprendre* não publicou nenhum escrito kelseniano.

Campagnolo tentou em vão despertar o interesse de Kelsen por alguma de suas numerosas atividades culturais. Em especial, depois de tê-lo encontrado na Europa em 1952, convidou-o para aderir à Société Européenne de Culture, também em vista de uma futura presença de Kelsen na Europa[175].

---

175. "Permettez-moi de vous dire que c'est avec une vive émotion que je vous ai revu après tant d'années difficiles, mais en même temps avec un grand plaisir pour vous avoir retrouvé inchangé dans votre admirable vigueur intellectuelle. Je souhaite que la reprise en Europe de votre enseignement

A resposta negativa é, por um lado, tipicamente kelseniana, pela neutralidade em relação aos valores que dela transparecem; por outro, não seria talvez arbitrário nela vislumbrar o árduo peso do macartismo, que envenenou a vida americana exatamente de 1950 a 1953. Por toda a vida, Kelsen fora acusado, pela direita, de ser um comunista; pela esquerda, de ser reacionário: tendo ultrapassado os setenta anos, provavelmente não pretendia correr o risco de ter de explicar ao comitê do Senado que se ocupava das atividades antiamericanas, que a Société Européenne de Culture era, não uma organização criptocomunista, mas sim um agrupamento de homens livres que procuravam possibilitar o diálogo entre as culturas de sistemas políticos contrapostos. Qualquer que seja a forma de interpretá-la, eis a carta de Kelsen:

"Respondendo à sua carta gentil de 4 de outubro, desejo informar-lhe que lastimavelmente não posso tornar-me membro da Société Européenne de Culture. Sempre segui o princípio de não pertencer a nenhuma associação que – direta ou indiretamente – perseguisse fins políticos. Após uma atenta consideração da situação efetivamente existente, cheguei à conclusão de não admitir nenhuma exceção a esse princípio. Espero que o senhor compreenda minha posição. Fico muito satisfeito de tê-lo reencontrado depois de tantos anos."[176]

A guerra e os fermentos do pós-guerra haviam imprimido um novo curso à história do único italiano que fora aluno direto de Hans Kelsen. Para ambos, com a ida em 1940 para a América do Norte de um, e para a Itália, do outro, encerrara-se uma estação intelectual iniciada com o exílio de 1933.

---

vous apporte les satisfactions morales et intellectuelles que vous avez peut-être trop rarement trouvées en Amérique": (Umberto Campagnolo a Hans Kelsen, Veneza, 4 de outubro de 1952). Naquela época, Kelsen estava em Genebra para um período de docência no Institut de Hautes Études Internationales.

176. Hans Kelsen a Umberto Campagnolo, Genebra, 10 de outubro de 1952, Arquivo particular da Família Campagnolo, Veneza.

II.
Norberto Bobbio

Umberto Campagnolo, aluno e crítico de Hans Kelsen*

* Este ensaio foi originariamente publicado em 1993: Norberto Bobbio, *Nazioni e diritto: Umberto Campagnolo allievo e critico di Hans Kelsen*, "Diritto e cultura", 1993, pp. 117-32. O ensaio está aqui traduzido com a cortês autorização do autor.

Que o pensamento de Kelsen tenha sido estudado na Itália, suas obras traduzidas e comentadas, suas teorias discutidas ininterruptamente em congressos e revistas no correr de meio século, mais do que em qualquer outra parte do mundo, mais até do que na própria Alemanha, isso já se sabia. Costuma-se iniciar a difusão do grande jurista com a tradução feita por Renato Treves da síntese redigida por Kelsen para sua própria obra, *La dottrina pura del diritto. Metodo e concetti fondamentali*, publicada em 1933, e pelo contemporâneo ensaio do mesmo Treves, *Il fondamento filosofico della dottrina pura del diritto di Hans Kelsen*. Mas, na realidade, o interesse pelo pensamento kelseniano começara muitos anos antes; a primeira obra kelseniana traduzida fora publicada na *Rivista internazionale di filosofia del diritto*, em 1924. Retrocedendo mais alguns anos, o primeiro escrito de Kelsen, *Die Staatslehre des Dante Alighieri*, publicado em 1905, já havia sido assinalado em 1907 por Arrigo Solmi, em um estudo sobre o pensamento político daquele poeta[1].

Havia até o momento escapado à atenção de nossos estudiosos um episódio da difusão do pensamento kelseniano, do qual foi protagonista, sem embargo de não ter ocorrido em nos-

---

1. Extraio essas notícias do ensaio de Mario G. Losano, "La fortuna di Kelsen in Italia", no volume do mesmo autor, *Forma e realtà in Kelsen*, Edizioni di Comunità, Milano, 1981, pp. 179-212.

so país, um estudioso italiano, também conhecido como filósofo, escritor político, professor universitário, homem de cultura e, sobretudo, como criador, em 1950, da Sociedade Européia de Cultura, por ele dirigida de modo prestigioso até sua morte prematura: Umberto Campagnolo[2]. Esse episódio ocorreu em meados da década de 1930-1940, seguindo-se, dessa forma, aos primeiros trabalhos de Treves. Tal episódio, de notável interesse histórico e teórico, merece ser trazido novamente à memória, exposto nas suas linhas essenciais e colocado no lugar que lhe compete na história do kelsenianismo italiano. Essa lembrança é conveniente não apenas pelos escritos sobre assuntos kelsenianos então publicados por Campagnolo e hoje completamente esquecidos, mas ainda pelo relacionamento pessoal desenvolvido entre o autor da doutrina pura do direito e seu primeiro discípulo italiano[3].

---

2. Sobre a vida e a obra de Campagnolo, ao qual fui ligado por uma longa amizade e por uma ativa participação na Sociedade Européia de Cultura, discorri nas comemorações realizadas em Veneza em recordação de seu falecimento, ocorrido em 25 de setembro de 1976: "En mémoire de Umberto Campagnolo", *Comprendre. Revue de politique de la culture*, n.º 43-4, 1977-78, pp. 261 ss. Mas pode-se ver também todo o fascículo, *Pour commémorer Umberto Campagnolo*, extraído do mesmo volume de *Comprendre*, com vários escritos, dos quais é particularmente interessante, pelas notícias biográficas, o discurso de Michelle Campagnolo Bouvier, "Une politique de la culture par raisonnement et par tempérament", pp. 37-43. Ver ainda Vincenzo Cappelletti, atual presidente da Sociedade Européia de Cultura, "Campagnolo, Umberto", in *Dizionario biografico degli italiani*, Istituto dell'Enciclopedia Italiana, Roma. Outros escritos com ilustrações se encontram no catálogo da Mostra "Umberto Campagnolo e la Società Europea di Cultura", organizada em 1968 pela Biblioteca Municipal de Este [cidade natal de Campagnolo, província de Pádua]. Entre esses, também um breve escrito meu, "Ricordo di un'antica amicizia", no qual menciono brevemente também as relações entre Campagnolo e Kelsen, pp. 35-7.

3. A esse relacionamento Campagnolo-Kelsen não fazem menção nem o ensaio de Losano, acima mencionado, nem a bibliografia organizada por Francesco Riccobono, "Kelsen in Italia", em apêndice ao volume *Hans Kelsen nella cultura filosofico-giuridica del Novecento*, compreendendo escritos de diversos autores, publicado pelo Istituto dell'Enciclopedia Italiana, Roma, 1983, pp. 199-217.

Campagnolo, nascido em Este, província de Pádua, em 25 de março de 1904, formou-se na Universidade de Pádua em 1931 sob a orientação de Erminio Troilo, conhecido professor de filosofia teórica, com uma tese singular, inspirada por uma profunda exigência moral e ditada por uma genuína vocação filosófica, socraticamente intitulada *Conhece a ti mesmo*. Ele logo começou a ensinar filosofia como suplente no Liceu Tito Lívio, de Pádua. Porém, em 1933, dois anos depois, quando o regime fascista, ao celebrar seus dez anos, exigiu dos professores a obrigação de inscrever-se no Partido nacional-fascista, recusou a imposição e tomou a corajosa decisão de deixar a Itália. Dirigiu-se à Suíça, a Genebra, cidade que se tornara um dos maiores centros de estudos internacionais, por causa da fundação da Sociedade das Nações, que naquela mesma cidade estabelecera sua sede. Inscreveu-se no prestigiado Institut de Hautes Études Internationales, no qual Kelsen, obrigado ao exílio após o advento de Hitler no poder, era um dos docentes de maior relevância. Já em 1920, Kelsen havia publicado uma de suas obras mais importantes, *Das Problem der Souveränität und die Theorie des Völkerrechts*, reeditada em 1928. Em 1934 surgira a primeira edição da obra na qual havia traçado as linhas fundamentais do seu sistema, *Reine Rechtslehre. Einleitung in die rechtswissenschaftliche Problematik*. No capítulo final, dedicado ao tema das relações entre o direito estatal e o direito internacional, ele expunha sua tese célebre, que revirava tanto a teoria monista tradicional da primazia do direito estatal sobre o direito internacional, quanto aquela mais difundida entre os internacionalistas da época, do dualismo entre o direito estatal e o direito internacional, chegando assim a uma tese monista, mas de cabeça para baixo, da primazia do direito internacional sobre o direito estatal. Essa afirmação se fundamentava na dupla constatação de que um ordenamento jurídico estatal é válido somente quando é efetivo e que o princípio de efetividade é um princípio próprio do direito internacional, ou seja, é o princípio com base no qual o direito internacional reconhece a existência de um Estado, delimitando não apenas seu âmbito de validade espacial e temporal, mas ainda, sob certos aspectos, também seu âmbito material. Como conseqüência, um Estado, em vez de ser, juntamente com outros Estados, o criador do direito internacional, deste último é a criatura, sendo efetivamente definido como um ordenamento jurídico parcial derivado do direito internacional, ou até mesmo como órgão da comunidade jurídica internacional. As conseqüências dessa solução das relações entre direito estatal e direito internacional são duas. A primeira é a negação da atribuição a cada Estado do caráter da soberania (um dos três elementos, segundo a teoria tradicional), entendida como *summa potestas superiorem non recognoscens*, demolida como dogma que serve unicamente de instrumento da ideologia imperialista, cuja demolição Kelsen considera orgulhosamente como "um dos resultados mais importantes da doutrina pura do direito"[4]. A segunda conseqüência diz respeito ao tema da evolução do direito internacional. Após a Primeira Guerra Mundial, da qual nascera a primeira ambiciosa tentativa de colocar um ponto final na tradicional anarquia das relações entre os Estados com a criação da Sociedade das Nações, o tema da superação da fase do direito internacional, fundado no equilíbrio das grandes potências – direito internacional que nunca impedira as guerras, ao contrário, enquanto sistema descentralizado e caracterizado pela autotutela dos próprios sujeitos desse direito, considerava a guerra como sanção de um ilícito internacional –, estava no centro da discussão entre juristas, escritores políticos, filósofos e teólogos. Kelsen sustentava que a crítica radical do princípio da soberania, com a conseqüente relativização do próprio conceito de Estado, entendido como órgão de um direito superior em contínua evolução, oferecia um pressuposto decisivo para a organização unitária de um ordenamento jurídico mundial centralizado; em outras palavras, fornecia um pressuposto decisivo para a formação de um Estado universal, ainda que a longo prazo.

As três teses por mim descritas – teoria da primazia do direito internacional, crítica do dogma da soberania, evolução do

---

4. Hans Kelsen, *La dottrina pura del diritto*, Einaudi, Torino, 1952, p. 140.

direito internacional na direção de um Estado universal – convergem no ideal do pacifismo contra o ideal oposto do imperialismo. Ilustrei detalhadamente essas teses porque são aquelas sobre as quais verte a áspera crítica de Campagnolo, que vinha preparando sua dissertação sob o orientação do mestre, através de vivazes e intermináveis discussões e um complexo relacionamento de *concordia discors*, que se encaminhava cada vez mais na direção da discórdia.

Seu primeiro artigo aparece na *Revue internationale de la théorie du droit*, fundada por Kelsen e conhecidos juristas da época, de inspiração kelseniana, da qual era secretário de redação um dos discípulos mais próximos do mestre, Rudolf A. Métall. O artigo é intitulado "L'antinomie dans l'organisation internationale"[5]. A acolhida numa conhecida revista do escrito de um jovem estudioso que estava para conseguir o título de doutor em Ciências Políticas é, de per si, um testemunho da estima da qual Campagnolo gozava junto aos seus professores.

O tema do artigo é a crítica, realizada do ponto de vista de uma concepção realista do direito internacional, que não se deixa seduzir pelas belas palavras da Sociedade das Nações e da retórica pacificista com a qual esta é exaltada. Não obstante a pretensão de construir uma nova forma de organização internacional, a Sociedade das Nações – tendo deixado intacta a soberania dos Estados, que está na base da potência destes, e, dessa forma, deixando também intacta a mesma política de poder que caracterizou por séculos o sistema do equilíbrio europeu – é, para Campagnolo, uma aliança de Estados, no sentido tradicional da palavra. Uma política internacional que respeita o princípio da soberania dos Estados não é e não pode ser outra coisa senão a velha política de equilíbrio de potências que são necessariamente antagonistas em razão de suas tendências ao absolutismo. A crítica da Sociedade das Nações

---

5. *Revue internationale de la théorie du droit*, X, n. 2, 1936, pp. 125-33 [a revista traz no frontispício também o título em alemão, *Internationale Zeitschrift für Theorie des Rechts*. Era ainda publicada pela editora Rudolf M. Rohrer, de Brno (Brünn). Depois, foi publicada em Zurique].

implica também a crítica da noção de segurança coletiva. Quando um Estado se alia a outros, preocupa-se com a segurança individual, não com a coletiva. Defende não a paz universal, mas a paz particular, que é a própria. Esta, ademais, é a razão pela qual, não muitos anos depois de sua constituição, a Sociedade das Nações perdera, pouco a pouco, toda sua eficácia, representando, quando muito, apenas "o lusco-fusco de um pressentimento ou de uma esperança, de algo que está muito distante e mal definido"[6]. Assim concebida, a Sociedade das Nações revela traços mais ou menos amplos de uma visão cosmopolita do gênero humano. Não tem nenhum valor jurídico, mas apenas o significado da antevisão de uma humanidade futura, um germe de uma organização universal da humanidade.

Já nesse primeiro escrito, o jovem estudioso revela aquilo que a mim parece o aspecto mais característico da sua personalidade, na tensão, resolvida posteriormente somente na ação, entre visão realista da história que escorre debaixo de nossos olhos (ou seja, uma crítica desencantada, severa, impermeável às atrações de um fácil otimismo) e a vocação utópica, projetada na direção de uma história futura; em outras palavras, entre o rigor da ciência e a imaginação profética. Depois de uma guerra atroz, um massacre sem precedentes, não era possível não colocar-se o problema da superação de uma longa fase da história na qual a guerra havia sido considerada como um fato natural e inevitável, no mesmo nível de uma inundação ou de um terremoto, como um dado permanente do tipo de relações existentes entre Estados soberanos, como a ruptura de um equilíbrio que era por sua natureza instável e podia reconstruir-se somente após ter destruído a si mesmo. Todavia, ao mesmo tempo, o homem de razão devia resistir à tentação das soluções excessivamente fáceis, não deixar-se enganar pelos discursos com os quais eram apresentadas, desmascarar os falsos salvadores.

A seriedade e o comprometimento com os quais o jovem, recém-chegado e exilado numa cidade estrangeira, aproxima-

---

6. Cit., p. 131.

va-se da reflexão sobre o problema da paz através de estudos de direito internacional são revelados numa carta por ele escrita a Georges Scelle, conhecido professor de direito internacional, em 26 de janeiro de 1934, não muito depois de sua chegada a Genebra. Relembrando um cordial colóquio ocorrido pouco tempo antes em sua própria casa, Campagnolo coloca diante do interlocutor três perguntas sobre temas que o preocupavam de modo especial, e que na conversa não tinham sido suficientemente desenvolvidos: a relação geral entre direito e ciência; as três formas de coletividades internacionais, chamadas interestatais, supra-estatais e extra-estatais; e o fenômeno federativo. Esses eram problemas que o perseguiriam durante seus estudos e que seriam objeto de sua obra principal, a dissertação de doutorado, que se transformaria num livro, como veremos mais adiante. O prof. Scelle responde às perguntas com uma carta de Paris, em 5 de março de 1935, assegurando, aliás, ao jovem estudioso o seu apoio na obtenção de uma bolsa de estudos em Haia, onde se desenvolviam os célebres cursos que, unidos em um livro, constituem uma das fontes doutrinárias mais consultadas pelos estudiosos. O apoio para a obtenção dessa bolsa lhe é assegurado também pelo próprio Kelsen, que em 7 de março de 1935 escreve ao Presidente do Kuratorium da Academia de Haia, assegurando-lhe que seu aluno trabalha num estudo "importante" sobre os fundamentos teóricos do direito internacional e que, entre os trabalhos de jovens sobre os problemas internacionalistas, aquele do seu novo aluno é "um dos melhores que eu conheça". Kelsen assinala sua grande cultura filosófica, que lhe permite horizontes raramente alcançados pelos especialistas, fechados dentro da própria especialidade. Outrossim, o novo aluno conhece o direito positivo, tem um senso agudo da lógica e é um espírito com rara força de penetração, a ponto de fazer esperar que, no futuro, possa tornar-se um eminente teórico do direito internacional.

Já durante a composição da dissertação, Campagnolo havia dado prova pública de sua valentia, escrevendo um artigo para a mesma revista, no qual enfrentava diretamente a doutrina pura do direito, em uma das suas teses centrais e mais originais, a noção de pessoa jurídica⁷. Como se sabe, Kelsen – em perfeita coerência com seu ponto de vista rigorosamente normativo, para o qual um sistema jurídico consiste em normas que estabelecem uma relação entre um fato, o ilícito, e uma conseqüência, a sanção, que é imputada a determinados sujeitos – define a pessoa jurídica como um conjunto de direitos e de obrigações, ou seja, como a unidade das normas das quais esses direitos e essas obrigações derivam. Dessa definição ele extraíra a conseqüência de que no interior de um ordenamento não existe nenhuma diferença entre pessoa física e pessoa jurídica. Sob o ponto de vista normativo, a pessoa física é apenas a personificação das normas que regulam o comportamento de um determinado indivíduo. O mesmo raciocínio vale para a pessoa jurídica. Para a doutrina pura do direito não comporta nenhuma diferença que o ponto de referência de uma pluralidade de normas seja um único indivíduo ou um ente coletivo.

A crítica de Campagnolo diz respeito essencialmente à excessiva abstração do normativismo kelseniano, que chega a identificar pessoa física e pessoa jurídica, eliminando o indivíduo real, no primeiro caso e, no segundo, o elemento concreto do fim, típico de um ente coletivo. À parte a contradição interna que ele vê, ou imagina ver, no sistema kelseniano, ele parece, no conjunto, recusar sobretudo a artificiosa construção, que contrasta visivelmente com o próprio posicionamento realista, já revelado, como foi dito, na crítica à Sociedade das Nações. Mas esse é um contraste que suscita a impressão de uma crítica externa, que não leva em consideração a novidade da tese kelseniana em relação à tradição.

Ao final desse primeiro ensaio, Campagnolo alude aos estudos posteriores dedicados ao seu mestre, dos quais anuncia a próxima publicação⁸. Em 1938, é publicado na prestigiada

---

7. "La notion de 'personne juridique' dans la Doctrine Pure du Droit", *Revue internationale de la théorie du droit*, XI, n.º 3, 1937, pp. 215-28.

8. À análise e crítica do pensamento kelseniano é dedicado um segundo artigo, "La terminologie kelsénienne", *Revue internationale de la théorie du droit*, XIII, 1939, n. 1-2, do qual tenho em mãos a separata de 14 páginas. O objeto da crítica é o conceito kelseniano de "norma incompleta", ou seja, para

"Bibliothèque de philosophie contemporaine", do editor Alcan, o denso volume *Nations et droit*, com o subtítulo *Le développement du droit international entendu comme développement de l'État*. Trata-se da publicação da tese de doutorado discutida e aprovada por uma comissão da qual Kelsen era o relator principal e da qual também fazia parte Guglielmo Ferrero[9]. No seu relatório, muito amplo e detalhado, de cerca de trinta páginas, Kelsen faz uma análise minuciosa e uma crítica da dissertação ponto por ponto, à qual o doutorando responde com um memorial de mais de cinqüenta páginas, nas quais replica com minúcia e com audácia, sem maiores afetações, de vez em quando até com aspereza, quase para além de qualquer relação hierárquica. Na história do kelsenianismo, esta vivaz troca de argumentações, até o momento inédita, representa um momento fugaz que merece ser subtraído ao esquecimento no qual até agora caiu. Tal troca de idéias contém uma discussão sobre alguns temas fundamentais da teoria do Estado e das relações internacionais, entre o famoso jurista e o aguerrido discípulo. Na dissertação, Campagnolo avança a pretensão de fundar uma "doutrina" alternativa sobre a natureza e a função do direito internacional, desenvolvendo uma crítica radical, não apenas da doutrina kelseniana, mas de todas aquelas que a precederam, diante das quais a tese kelseniana da primazia do direito internacional sobre o direito estatal representara uma no-

---

dar um exemplo, da norma de direito internacional que estabelece que uma certa ação deve ser realizada por um Estado, mas deixa ao Estado a determinação da pessoa ou pessoas que devam cumpri-la.

9. Os outros dois relatores foram o prof. Paul Mantoux e o prof. Hans Wehberg. O primeiro, ainda que declarando não ser jurista e não poder entrar no mérito, reconhece a originalidade das teses sustentadas pelo candidato, que testemunham o conhecimento aprofundado do assunto e um notável esforço de pensamento, acompanhado de uma incomum disposição crítica, para concluir ressaltando "um espírito fora do comum, que sem dúvida supera em muito aquilo que se poderia esperar razoavelmente de um candidato ao doutorado". O segundo, após ter feito um amplo resumo da dissertação, dela ressalta a originalidade e, apesar de não aceitar seus resultados, com ela compartilha as críticas ao princípio kelseniano da efetividade, concluindo tratar-se de uma "prestação intelectual de nível muito elevado" [cfr. *infra*, pp. 193 ss.].

vidade sem precedentes. Campagnolo nega tanto a primazia do direito internacional quanto a primazia do direito estatal. Ele considera não ter sentido colocar o problema das relações entre os dois direitos pela simples razão de que o direito internacional – entendido como conjunto dos vínculos de natureza jurídica que mantêm juntos os Estados num ordenamento, não importa se supra-ordenado ou sobordenado – não existe. A não-existência do direito internacional, assim como o compreendem tanto aqueles que o afirmam quanto aqueles que o negam, segundo o autor, deriva logicamente de uma premissa, ou seja, da definição do direito por ele oferecida. Desde as primeiras páginas, o direito é por ele definido como "a reação (historicamente determinada) da sociedade política por excelência com relação à ação de um de seus elementos ou sujeitos (isto é, indivíduos dotados de vontade e de inteligência), podendo essa reação, por causa de sua regularidade, ser conhecida antecipadamente em medida suficiente para dirigir a ação".

Segundo essa definição de direito, os sujeitos aos quais o direito se refere são exclusivamente os indivíduos; dessa definição deve-se concluir que os Estados não são sujeitos de direito e, portanto, não pode existir um direito como o internacional, geralmente entendido como o direito que regulamenta as relações entre os Estados. À diferença dos negadores do direito internacional, que o negam porque compreendem a soberania como poder absoluto e, portanto, incompatível com qualquer tipo de vínculo, a tese de nosso autor é fundamentada na recusa de atribuir ao Estado o caráter de sujeito de direito. Outra dedução dessa premissa é a de que o direito internacional não seria mais do que parte do direito estatal que regulamenta a conduta dos cidadãos em suas relações com os estrangeiros. De dedução em dedução, ele termina, sem se dar conta, não tanto por negar o direito internacional, quanto por reduzi-lo àquilo que os juristas chamam de direito internacional privado, que é efetivamente uma parte do direito estatal. As relações entre os Estados, geralmente definidas como direito internacional público, são, para Campagnolo, relações políticas, e os tratados internacionais são programas convencionados entre os governos para definir suas recíprocas relações, ainda que de maneira provisória e não vinculante.

Mas esse não é o ponto essencial do dissenso com Kelsen. Repito que o objeto da tese, como ele próprio afirmara na *Présentation*[10], é o desenvolvimento do direito internacional, como de resto aparece já no subtítulo do livro, anteriormente mencionado, no qual o direito internacional é definido não como desenvolvimento das relações entre Estados, mas como desenvolvimento do próprio Estado. Naturalmente, se o desenvolvimento do direito internacional deve ser compreendido como desenvolvimento do Estado e não como transformação do direito internacional, é evidente que se faz necessário antes de tudo abandonar a noção mesma de direito internacional e concentrar a própria atenção na natureza do Estado.

Foi dito há pouco que o interesse que o levara a estudar o direito internacional não era tanto o problema técnico – do qual se ocupam os juristas, sobre a natureza jurídica ou não jurídica do direito internacional, e em qual medida seja possível chamar-se direito um conjunto de regras diversas daquelas do Estado, que uma antiga tradição considerava como fonte última e única do direito. O interesse de Campagnolo era, de fato, o problema da paz universal, certamente um dos temas centrais no debate internacional, por ele considerado desde o início, como foi visto, mal resolvido – ou somente aparentemente resolvido – com a solução tipicamente internacionalista (para ele, débil) da Sociedade das Nações. A falência, já evidente, da solução internacionalista colocava peremptoriamente a seguinte pergunta: pode a paz perpétua derivar de uma simples evolução do direito internacional, cujo pressuposto é a soberania dos Es-

---

10. A *Présentation de la thèse* é um documento de dez páginas, que se encontra entre seus papéis e começa da seguinte forma: "O problema objeto de minha tese é o desenvolvimento do direito internacional", e explica logo que a solução desse problema depende da solução preliminar de três outros: do direito em geral, do direito internacional em particular, do que se deve entender por desenvolvimento. [Este escrito está publicado *infra*, pp. 101-10.]

tados, visto que essas relações jurídicas, ou políticas, ou apenas morais, são, em última análise, relações de força? Também nesse caso a resposta é negativa. E é negativa porque deriva coerentemente da análise precedente e preliminar da natureza do direito internacional. Se é tão-somente o direito que assegura a paz no interior da sociedade política, e o direito é exclusivamente estatal, a evolução da humanidade na direção da paz pode ocorrer apenas mediante a evolução do Estado, ou seja, através da extensão gradual, cada vez mais, das relações de cidadania a novos sujeitos externos ao Estado; em outras palavras, através da assemelhação progressiva do estrangeiro ao cidadão. A meta última é, segundo esta perspectiva, assim como para Kelsen, o Estado universal, mas diversas são as vias seguidas por cada um dos dois: ou a transformação do direito internacional (Kelsen) ou o alargamento do Estado (Campagnolo).

No entanto, a via mediante a extensão do Estado não é uma via imperialista? Na última parte, Campagnolo discute a tese que Giorgio Del Vecchio, o maior filósofo do direito italiano da época, sustentara no curso realizado na Académie de Droit International de Haia em 1931 sobre *A Sociedade das Nações do ponto de vista da filosofia do direito internacional*, na qual afirmara serem duas as vias para realizar a aspiração do ser humano à unidade universal: o imperialismo e o federalismo, condenando a primeira e aprovando a segunda. Também Kelsen – mesmo imaginando que a preferência por ele demonstrada pelo pacifismo diante do imperialismo seria uma escolha última sem bases científicas –, do mesmo modo, sustentava que quem se inspira, nas suas escolhas éticas, no imperialismo, está naturalmente bem disposto a aceitar a primazia do direito estatal, enquanto quem é favorável ao pacifismo é, ao contrário, inclinado a aceitar o ponto de vista da primazia do direito internacional. Campagnolo, mesmo não renunciando à tese da centralidade do Estado, e colocando ainda no mesmo plano ético e político a via imperial e a via federal, não renuncia ao ideal do Estado Universal, da *civitas maxima*, mas a compreende como "o final da aspiração imanente em todos os Estados [...], que esperam encontrar na universalidade o abrandamento da inquietude que os domina, a liberação do temor da morte, da qual sentem misteriosamente a ameaça, sem que delas possam colher o verdadeiro sentido"[11].

No seu amplo e escrupuloso relatório, anteriormente citado, Kelsen dirige globalmente ao discípulo a censura de abusar do método dedutivo. Não imotivadamente, Campagnolo, espírito agudo e combativo, extrai grande parte das suas teses sobre a natureza e sobre a evolução do direito internacional da definição de direito posta no início. Um dos seus modos de dizer recorrentes na passagem de uma proposição a outra é o advérbio *logiquement*. Na confutação das teses de outras pessoas, usa sempre a expressão "j'ai demontré...", como se a ciência jurídica fosse uma ciência demonstrativa e não, ao contrário, uma típica forma de saber, como se diz hoje, argumentativa. Em particular, Kelsen critica a definição de direito, que aprova no que diz respeito à identificação do Estado com o direito, mesmo não aprovando a redução do direito ao direito estatal, como se não existissem outros ordenamentos jurídicos além daquele do Estado. Aplicando ainda às teses do jovem estudioso a crítica ideológica das muitas teorias do direito que pretendem ser científicas, Kelsen considera ideológica a definição que Campagnolo oferece do Estado como sociedade política e, em geral, o seu estatismo, que o leva a dar do direito internacional uma definição contrastante com a experiência e com a história, e o faz partir das premissas disformes com respeito às aspirações na direção da almejada sociedade cosmopolita. Apesar disso, ao final não economiza elogios, repetindo sua convicção de que o nível da obra em discussão "é muito superior àquele de uma, mesmo que excelente, tese de doutorado". Não somente confere a esta tese o próprio *imprimatur*, mas recomenda às autoridades acadêmicas que auxiliem o autor com as despesas de publicação.

Na sua longa e articulada resposta, Campagnolo, reconfirmando o próprio pensamento, com o qual considera ter proposto uma teoria alternativa, rebate, uma após a outra, as observações

---

11. Umberto Campagnolo, *Nations et droit*, cit., p. 244.

críticas do seu contestador. Mais do que um diálogo, trata-se de uma contraposição entre dois sistemas de idéias, para os quais cada um dos fautores reivindica valor científico. Mas cada um deles parte de uma concepção diversa da ciência em geral e da ciência jurídica em particular, acusando o outro de ideologismo. Parece a essa altura sempre mais evidente que Campagnolo se colocou completamente fora do sistema de idéias kelseniano, que tem sua coerente estrutura interna, atravessando-o sem deixar-se seduzir, mostrando uma total refração à idéia mais original, porquanto discutível, do mestre a propósito da primazia do direito internacional sobre o direito estatal, eventualmente, retomando a teoria monista tradicional da primazia do Estado, com a qual já havia dado provas de compartilhar no seu primeiro escrito. O próprio Kelsen sustentou mais de uma vez que a preferência por uma teoria em lugar de outra deriva das escolhas morais últimas, das quais é vão pretender dar uma "demonstração" tal, a ponto de colocar contra o muro o adversário. De resto, nada revela mais a fundamentação dessa opinião do que a controvérsia à qual me refiro, em que cada um dos dois interlocutores contrapõe ao outro a própria opção com argumentos retirados do respectivo sistema conceitual. Quando a discussão alcança o tema central – exatamente a existência do direito internacional e da relação entre este último e o direito estatal –, o próprio Campagnolo afirma que colocar o direito internacional acima do direito estatal é "absolutamente impossível", ou ainda "absurdo", do ponto de vista de sua concepção do direito, concluindo que um direito acima do Estado é para ele uma contradição em termos.

Isso mostra que nosso autor é preparado na arte dialética, muito seguro de si e da bondade das próprias idéias, além de possuidor de um amplo conhecimento da literatura sobre o assunto. Ele não se deixa intimidar pela autoridade do adversário; ao contrário, parece que o fato de encontrar-se diante de um dos mais célebres e admirados teóricos do direito, que levantou uma miríade de problemas cujo eco ainda não teve fim, reforce sua natural veia polêmica. Campagnolo enfatiza, ao final, a tese à qual dedica uma particular atenção, sobre a evolução do direito internacional. Este é um tema pelo qual ambos, mestre e discípulo, estão apaixonadamente interessados, nos anos em que se delineia no horizonte a ameaça de uma nova guerra.

O livro *Nations et droit* foi assinalado por muitas resenhas que acolheram bem mais a parte crítica do que a construtiva – esta última considerada excessivamente contra a corrente para não suscitar dúvidas e perplexidades. Todavia, também os que dissentiam demonstraram apreciar a preparação, a inteligência e a forte personalidade do autor. Escreve, por exemplo, o prof. Wehberg na conhecida revista pacifista *Die Friedenswarte* (1938, n.º 5) que o autor é um jovem filósofo italiano "de nível extraordinário". Um dos mais conhecidos juristas da escola de Kelsen, Julius Moór, sempre na *Revue internationale de la théorie du droit* (1939, n.ºs 1-2), mesmo fazendo observar seu dissenso a propósito das teses principais, vê no autor "uma lógica articulada e aguda, um sutil espírito filosófico e uma clareza cristalina". Mais ampla e amigavelmente discrepante foi a resenha que apareceu no *Esprit* do filósofo Jean Lacroix[12]. Ele equiparava a importância do livro àquela da obra de Georges Gurvitch, então muito conhecida, mas hoje em grande parte esquecida; criticava a separação entre moral e direito e um certo abuso da dialética, mas considerava que a teoria de Kelsen nunca fora criticada antes com semelhante rigor. Lacroix, porém, reprovava o autor por não ter feito a escolha entre imperialismo e federalismo. A resposta de Campagnolo foi conservada inédita. À última objeção, Campagnolo responde – diria kelsenianamente – que a escolha entre imperialismo e federalismo é uma escolha política e que como cientista considera-se incompetente para preferir um ao outro. E depois, conclui, tem realmente certeza o contraditor de que o imperialismo seja imoral? Dante, que era um bom cristão, não pensava assim[13].

---

12. Jean Lacroix, "Le droit. Sur Umberto Campagnolo", *Esprit*, VIII, novembro-dezembro de 1939, pp. 92-7.

13. A resposta encontrada entre seus papéis é intitulada *Droit et morale. Réponse à M. Jean Lacroix*.

A essa altura estava claro que a Campagnolo não interessava tanto o pensamento de Kelsen, com o qual não compartilhava nenhuma das principais teorias, quanto o problema do direito internacional e da crise dos vários pacifismos que, diante da tradicional política de potência dos grandes Estados, haviam demonstrado sua debilidade teórica e sua insuficiência prática. Campagnolo não voltaria a tratar outra vez do pensamento de Kelsen, continuando a ocupar-se da guerra e da paz, sobretudo da Sociedade das Nações, a qual, aliás, fora a ocasião do seu encontro com o teórico da doutrina pura do direito.

Contemporaneamente, aparece na *Revue générale de droit international public* (1938) um artigo, "La paix, la guerre et le droit", que é a continuação do primeiro escrito já mencionado sobre a antinomia da organização internacional, o qual conduz a extremas conseqüências a visão realista do direito internacional que ele sempre contrapusera energicamente àquela idealista dos professores de direito internacional, pelos quais nunca teve grande consideração. Kelsen não é citado, o que prova quão pouco o ensinamento do mestre tenha influído sobre o discípulo. Nesse escrito, ele reforça a tese segundo a qual as guerras pertencem à própria natureza das relações internacionais, não sendo relações jurídicas, porque o direito nasce da sociedade, e uma sociedade internacional não existe. Ele especifica melhor: a paz não é absolutamente a negação da guerra, se por "paz" se entende não a paz-repouso, interna a um Estado bem ordenado, mas a paz-ação, única da qual se pode falar nas relações entre Estados. Ele retoma e desenvolve a tese que lhe é particularmente cara, segundo a qual os tratados internacionais não são atos jurídicos, mas sim programas de ação de cada Estado separadamente considerado e valem juridicamente somente quando sejam ratificados, e nesse caso valem unicamente para os cidadãos do Estado ratificante. As duas cláusulas *pacta sunt servanda* e *rebus sic stantibus* são duas ideologias. Absurda é a distinção entre guerras justas e injustas, legais e ilegais, ofensivas e defensivas. Poder-se-ia dizer que a guerra é um fato e, como fato, não tolera juízos de valor. Dessas premissas nasce mais uma vez a condenação da Sociedade das

Nações que, sendo um tratado como todos os outros, não tem nenhuma força obrigatória para os Estados que o firmaram. Paradoxalmente, conclui, "a mais séria tentativa de violar o pacto foi realizada por aqueles que pretenderam impor ao Estado um compromisso contrário aos seus interesses" (p. 452)[14].

O último escrito genebrino se intitula "Une sentence de Cicéron erigée en principe de droit international"[15]. A frase comentada é aquela segundo a qual existem dois modos de resolver uma contenda: ou com a discussão, ou com a força. A primeira convém ao homem; a segunda, aos animais. Campagnolo considera dever refutar essa sentença porque o modo de resolver o conflito não pode ser escolhido por capricho, mas depende do tipo de conflito. De conflitos existem três espécies: científico, jurídico ou moral, internacional ou político. Uma contenda política, na qual os contendores são os Estados soberanos, pode ser resolvida somente com a força. E a força está na base, tanto da guerra, quanto da paz: na guerra, é a força aplicada; na paz, a força ameaçada. A escolha de um modo ou de outro de empregar a força depende do interesse de cada Estado, mas o Estado não é livre para escolher, porque é um ente natural que age por necessidade. Dessa forma, é insensato condenar o Estado, porque o Estado, querendo o próprio interesse, quer somente a si mesmo.

O artigo foi escrito e publicado quando a Segunda Guerra Mundial estava em curso. A idéia de que os Estados não podiam ser sujeitos a uma avaliação moral era de origem hobbesiana. Mas era à época uma tese de uso corrente pelos teóricos

---

14. Num inédito "Esquisse du projet d'un travail sur la Société des Nations", Campagnolo resolvera dedicar-se, após a publicação de *Nations et droit*, a um trabalho exaustivo sobre a Sociedade das Nações, ao mesmo tempo crítico e construtivo, na verdade, menos crítico e mais construtivo. Ele prevê a instituição de três órgãos: um político, um judiciário, um científico, constituído por um centro de estudos internacionais. Provavelmente esse projeto estava destinado a obter uma bolsa de estudos. [Esse escrito está publicado *infra*, pp. 201-206.]

15. *Rivista internazionale di filosofia politica e sociale*, V, fasc. 4, 1941, e VI, fasc. 1-2, 1942.

alemães do Estado-potência, assim como é própria dos sequazes das teorias realistas das relações internacionais reemersas durante a guerra fria. Campagnolo delas fora um propugnador desde seus primeiros escritos, como já recordei. A explosão da grande conflagração somente confirmava a verdade de suas teses, sustentadas quando a guerra era somente temida.

Após o ingresso da Itália na guerra, Campagnolo considerou seu dever deixar Genebra, onde ministrara cursos de filosofia do direito e onde teria podido empreender a carreira acadêmica. Decidiu, assim, voltar ao seu país. O primeiro de seus escritos publicado na Itália, e é também o último dessa série, "Le due guerre"[16], retoma o assunto da Sociedade das Nações, com uma particular referência ao tema do desarmamento. No atual sistema internacional, existem nações satisfeitas e, como tais, conservadoras, favoráveis dessa forma ao desarmamento, ao menos parcial; outras, insatisfeitas, são, portanto, revolucionárias e, como tais, desfavorecidas em caso de desarmamento, sobretudo quando total. Mas a Sociedade das Nações tende a salvaguardar o *status quo* e, por essa via, identifica o princípio da segurança nacional com aquele das potências conservadoras. Portanto, em conclusão, para Campagnolo nada parece ter mudado em relação ao tradicional sistema de equilíbrio. Não é, assim, uma ilusão esperar da Sociedade das Nações uma séria política de desarmamento? Não será o desarmamento a condição da paz, mas, ao contrário, a progressiva pacificação das nações é que será a condição do desarmamento[17].

Na decisão de voltar à Itália, ele foi favorecido pelo encontro com a família Olivetti, que conhecera na Suíça, e especialmente com Adriano Olivetti, que tinha em mente muitos projetos para o futuro, entre os quais uma nova editora para os anos de reconstrução pós-bélica. Campagnolo foi encarregado, num primeiro momento, de organizar uma grande biblioteca

---

16. *Rivista internazionale di filosofia politica e sociale*, V, fasc. 4, 1941, e VI, fasc. 1-2, 1942.
17. *Rivista internazionale di filosofia politica e sociale*, V, fasc. 4, 1941, e VI, fasc. 1-2, 1942.

dentro da fábrica e, depois, de iniciar a atividade da nova editora, na qual fez publicar em 1946, com seu prefácio, entre as primeiras obras, a tradução italiana do livro de Guglielmo Ferrero, *Pouvoir*, publicado pela primeira vez em maio de 1942[18].

Antes de partir para a Itália, Campagnolo havia preparado um projeto para uma revista de estudos de relações internacionais, que ele pretendia intitular "O problema internacional". Na realidade, mais do que o programa de uma revista, era o projeto de uma obra orgânica, na qual teria finalmente reunido e reordenado as idéias expostas de modo fragmentário ao longo dos anos, às quais dava ambiciosamente o nome de "doutrina". Ele reafirmava mais uma vez o conceito da natureza exclusivamente política das relações internacionais, de onde derivava novamente a resoluta negação do direito internacional, a crítica das doutrinas do "pseudodireito" e da "pseudomoral" internacionais, e da ideologia societária, representada exemplarmente pelo wilsonismo. Outrossim, constata que essa ideo-

---

18. A essa altura, dever-se-ia abrir um novo capítulo sobre os anos genebrinos de Campagnolo, mas é melhor remetê-lo a outra ocasião. No prefácio ao escrito federalista, do qual falo mais adiante, Campagnolo recorda: "o hábito quotidiano da sua [de Ferrero] hospitalíssima casa em Bourg-de-Four; o Cemitério de Plainpalais, no qual costumava acompanhá-lo nas suas visitas ao filho ali sepultado" (o filho Leo, escritor conhecido, falecera muito jovem, com apenas 20 anos, num acidente automobilístico em Santa Fé, Estados Unidos, em 1933); e Ferrero, como "incomparável maestro daquele sentir e pensar europeus, dos quais é constituída a substância primeira da Europa". No citado prefácio, Campagnolo dele ilustra o caráter, menciona suas obras principais e detém-se principalmente no seu "realismo positivista", que se contrapõe a toda e qualquer concepção idealista da história, sustentado por uma "elevada severidade moral". Ferrero lecionava, além de História da Revolução Francesa na Universidade, também História Contemporânea no Institut de Hautes Études Internationales. Ele aparece, como se viu, entre os membros da Comissão julgadora da dissertação de doutorado de Campagnolo, que fora também seu aluno, além de aluno de Kelsen. Campagnolo fala com grande admiração da eficácia de suas aulas, das quais os ouvintes extraíam inspiração para condenar o fascismo e para reconhecer na democracia o único princípio de legitimidade na atual fase da civilização. [Sobre a incerta participação de Guglielmo Ferrero na Comissão julgadora do doutorado de Campagnolo, cfr. *supra*, p. 65.]

logia é combatida também pelos vários projetos difusos durante a guerra, dos quais o *Manifesto di Ventotene* do verão de 1941 é o mais conhecido, sobretudo na Itália[19]. Declara ter sido ele próprio convidado a integrar um dos novos grupos de federalistas. Campagnolo é, todavia, contrário àquele tipo de federalismo que acredita poder resolver um problema histórico e prático com uma constituição, com um pedaço de papel, escrito por juristas ou diplomatas em volta de uma mesa. A nova revista deveria explicar ao público que "a unificação de mais nações não pode ser obra artificial de juristas e pacifistas imbeles" e que o seu fundamento é "uma vontade política enraizada na história e suficientemente forte para se tornar uma realidade histórica". Essas palavras podem ser consideradas quase como um pré-anúncio da primeira obra que publicou, recém-chegado à Itália, *Repubblica federale europea*. Contrapondo um federalismo realista a um federalismo utópico, como lhe parecia aquele até o momento, insistia na idéia, já aludida no livro ora citado, que a federação européia podia nascer somente como movimento da base, ou seja, de um processo revolucionário.

Também essa idéia "revolucionária" do novo federalismo europeu era realmente utópica, como a história desse último meio século amplamente demonstrou. É provável que a imediata insurgência da guerra fria entre os dois vencedores da Segunda Guerra Mundial tenha representado também para Campagnolo uma dramática confirmação da concepção realista das relações entre Estados soberanos que não conhecem outras formas de relacionamento recíproco senão aquelas fundamentadas na ameaça e no emprego da força. Portanto, seria forçoso concluir que o único compromisso do homem de cultura deveria ser daqui por diante o de salvar as razões da civilização européia em perigo por efeito da contraposição em dois blocos, divididos

---

19. Para uma história do federalismo europeu na Itália daqueles anos, remeto ao meu texto "O federalismo no debate político e cultural da Resistência", in *L'idea dell'unificazione europea dalla prima alla seconda guerra mondiale*, Fondazione Luigi Einaudi, Torino, 1975. Uma referência ao livro de Campagnolo está na p. 235.

por aquela que então se chamava "cortina de ferro". Para absolver essa tarefa, era preciso que os homens de cultura se reunissem e se encontrassem, para além e por sobre as duas grandes potências contrapostas, que se consideravam reciprocamente inimigas. Com essa finalidade, fundou – dela estabelecendo a sede em Veneza, cidade que por séculos tinha sido o ponto de contato entre Ocidente e Oriente – a Société Européenne de Culture, que reuniria e faria encontrar e dialogar intelectuais europeus provenientes de um lado e do outro da "cortina": intelectuais que, mesmo não renunciando ao exercício de uma ação política no seio do próprio Estado, cada um por conta própria e sem nenhuma pretensão de envolver os outros, estivessem dispostos a dar sua própria adesão e a própria contribuição à ação política que compete especificamente ao homem de cultura e que Campagnolo mesmo chamou "política da cultura".

Ele dedicou à Société Européenne de Culture suas energias morais e intelectuais até seu falecimento, em 25 de setembro de 1976. A Société a ele sobreviveu através de encontros periódicos, em particular através da Assembléia geral dos sócios, e da publicação da revista internacional *Comprendre*, que prossegue sua obra e dele mantém viva a memória[20].

---

20. Concluindo essa evocação, gostaria de agradecer à sra. Michelle Campagnolo Bouvier ter-me generosamente cedido a documentação que possibilitou a composição do artigo, e que ora encontra-se custodiada no Arquivo da Sociedade Européia de Cultura, em Veneza.

III.
Umberto Campagnolo
As idéias mestras da minha tese*

* A *Présentation de la thèse* é um texto inédito de 1937, preparado por Campagnolo para resumir sua tese diante da Comissão Examinadora. O texto datilografado consta de 10 páginas em francês e está conservado no Arquivo da Família Campagnolo, em Veneza, que dele gentilmente autorizou a publicação.

1. O problema que constitui o objeto da minha tese diz respeito ao desenvolvimento do direito internacional. A solução desse problema depende, como se pode facilmente perceber, da prévia solução de outros três problemas a ela pressupostos: o problema do direito; o problema do direito internacional; o problema do desenvolvimento do direito internacional.

2. Efetivamente, cheguei ao problema do desenvolvimento do direito internacional após ter-me ocupado da norma jurídica em geral e do próprio direito internacional. Segundo meu projeto original, o problema do desenvolvimento do direito internacional devia constituir somente o último capítulo de um trabalho sobre a norma jurídica e o direito internacional.

3. Iniciei assim as pesquisas sobre a questão fundamental da natureza do direito à qual consagrei a maior parte do meu estudo. Resumi brevemente essa parte nos primeiros itens da minha tese, que contêm a definição das noções de direito e de direito internacional.

4. A brevidade, talvez excessiva – mas, penso, inevitável – das explicações que precedem e que seguem minha definição de direito pode torná-la dogmática, característica da qual é na verdade absolutamente desprovida. Esta é, ao contrário, resultado de uma longa reflexão sobre minha experiência pes-

soal e uma análise crítica das doutrinas mais importantes, desenvolvidas, tanto uma como a outra, no âmbito de uma concepção filosófica, ou seja, segundo uma concepção que tem uma justificação em si mesma.

5. Coloquei imediatamente diante de mim aquilo que é definido como direito positivo, isto é, as normas das quais o Estado garante o respeito, e, nelas fixando o olhar, estudei as diferentes doutrinas que se esforçaram para resolver os problemas que o direito positivo cria. Examinei com atenção uma longa série de oposições: a oposição entre direito e força; entre norma e sanção; entre direito natural e direito positivo; entre direito normativo e direito construtivo; entre direito e técnica; entre *Sollen* jurídico e *Sein*, e assim por diante.

6. Todas essas oposições apresentam no fundo o mesmo problema lógico e filosófico, ou seja, o problema da relação dos termos que as constituem. A maior parte das doutrinas jurídicas não aprofunda esse problema. Considerando a oposição como uma solução, tais doutrinas tendem a não reconhecer o referido problema; mas o fato de não reconhecê-lo naturalmente não o elimina, assim como esse desconhecimento não autoriza a evitar as dificuldades e os obstáculos da interpretação da experiência jurídica. Assim, por exemplo, a doutrina pura do direito, que é certamente a mais coerente e penetrante entre as teorias jurídicas, contém em si tanto a idéia de que o direito não tem nada a ver com a força quanto a idéia de que o direito é força. Não tive muitas dificuldades para compreender que o posicionamento dessas doutrinas com relação ao problema do direito dependia dos postulados da filosofia realista que, mais ou menos conscientemente, haviam adotado.

7. Por outro lado, o idealismo, que aspirando à imanência absoluta opõe-se a toda espécie de dualismo realista, tende a resolver inteiramente um dos dois termos no outro, chegando assim a uma unidade abstrata e vazia cuja afirmação mais coerente talvez seja aquela do solipsismo. Não obstante que o idea-

lismo possa dar, graças a um compromisso com a concepção filosófica oposta, uma formulação concreta da experiência jurídica, esse idealismo identifica o direito com a força. Reconhece, portanto, que esta força tem uma natureza objetiva; o que o aproxima da minha concepção. Mas o idealismo não é capaz de explicar e de justificar realmente o mistério da criação do objeto através do sujeito, e nem mesmo satisfaz a exigência que requer que se caracterize o direito ao menos com uma força de caráter especial, em comparação com as forças de outros tipos.

8. Minha concepção da realidade como relação transcendental entre o sujeito e o objeto deveria oferecer-me as categorias necessárias para compreender a experiência jurídica. Da mesma forma que para o idealismo, segundo esta minha concepção o direito é objeto; mas, à diferença do direito dos idealistas, não é uma criação do sujeito: como o sujeito, o direito é originário e necessário na relação real fora da qual não pode ser concebido de modo concreto. Assim compreendido, distingue-se também essencialmente do direito dos realistas, que o concebem como uma realidade em si e por si, mesmo qualificando tal realidade às vezes como subjetiva, às vezes como objetiva, o que está na origem de todos os dualismos insuperáveis aos quais aludi anteriormente.

9. Tendo sido reconhecido o direito como elemento objetivo da relação transcendental, precisei caracterizá-lo empiricamente em relação aos outros objetos, chegando assim a defini-lo como *a reação da sociedade política por excelência com relação à ação de um de seus membros, podendo esta reação, por causa de sua regularidade, ser conhecida antecipadamente em medida suficiente para dirigir a ação.*

10. Com tal definição, eu afirmava que o direito – todo o direito, tanto o direito interno, quanto o direito internacional – não podia existir senão e através de sua relação com os indivíduos, homens dotados de vontade e de consciência. O direito internacional, que as doutrinas jurídicas tradicionais concebem

como direito entre os Estados e para os Estados, era assim declarado inexistente e até mesmo absurdo.

11. Nego, assim, o direito internacional? Não! Primeiramente, assim como aqueles que negam o direito internacional, eu nego a existência e a possibilidade lógica mesma de um direito internacional enquanto direito ao qual os Estados estão sujeitos; todas as minhas razões, todavia, são radicalmente diferentes. Aqueles que negam o direito internacional são levados a negá-lo em vista da incompatibilidade da essência soberana dos Estados e da existência de um direito superior a estes. Eu, ao contrário, excluo a existência e a possibilidade de um direito para os Estados porque não reconheço nos Estados a natureza de sujeitos. Enquanto para mim *o Estado é o sistema jurídico em si mesmo na sua relação com os sujeitos*, para aqueles que negam o direito internacional o Estado é um indivíduo concebido no mesmo nível dos homens, dotado de vontade e de inteligência, e se não pode ser, como os homens, sujeito de direito, isso é devido somente à sua natureza soberana.

12. Minha negação, porém, não é apenas diferente nas suas motivações; o é também no seu significado e no seu caráter sistemático. Com efeito, essa não é a solução do problema do direito internacional assim como se põe para mim; essa é a conseqüência da negação do problema do direito internacional, que considero cientificamente errada, assim como é colocada por aqueles que negam o direito internacional e, em geral, pela doutrina dominante. Os negadores do direito internacional se perguntam se existe ou se pode existir um direito dos Estados; eu me pergunto, ao contrário, qual é a noção capaz de compreender, do ponto de vista jurídico, as relações internacionais, ou seja, as relações entre indivíduos pertencentes a nações diferentes; pois que para mim está subentendido, em homenagem ao postulado da universalidade da ciência (violado pelos negadores do direito internacional), que a questão da possibilidade, ou melhor, da necessidade de uma noção do direito internacional, pode ter apenas uma resposta afirmativa.

AS IDÉIAS MESTRAS DA MINHA TESE

13. Qual seria então essa noção? Tal noção deriva evidentemente daquela de direito e daquela de Estado que acabei de indicar; assim é que o direito internacional se define como *a parte do direito do Estado que regula o comportamento dos cidadãos com relação aos estrangeiros*. Segundo essa noção, o direito internacional já não é, portanto, um direito que dirige a conduta recíproca dos Estados como tais, conforme concebido pela doutrina dominante e pela opinião comum, assim como não é um direito que alcança o indivíduo para além dos Estados, conforme descrito pelas doutrinas monistas. É, pelo contrário, um direito que tem a mesma natureza do direito interno, que tem a mesma fonte de validade e os mesmos sujeitos. É, enfim, podemos repeti-lo, uma parte do Estado.

14. Não é necessário certamente demonstrar que esse direito internacional não coincide necessariamente com as normas do chamado direito internacional tradicional. Ao contrário, é evidente que, na prática, esse último não corresponde, senão em medida muito reduzida, àquilo que afirmo ser o verdadeiro direito internacional. Qual seria então o significado jurídico das relações internacionais que são, porém, de qualquer forma, objeto das normas do assim denominado direito internacional? A resposta está contida implicitamente na minha noção das áreas de liberdade do Estado. O direito, o Estado, pode deixar – e em geral deixa aos seus sujeitos governados ou governantes, sem que com isso a soberania esteja comprometida de nenhum modo – uma certa liberdade de iniciativa, tanto na vida interna da nação, quanto principalmente no campo da atividade internacional dos seus cidadãos. No âmbito dessa área de liberdade, que pode ser qualificada como internacional, em oposição à zona das liberdades internas, aos cidadãos é permitido – e notoriamente ao governo, de acordo ou não com um outro governo – estabelecer prescrições ou fazer programas que devem representar as linhas diretivas de suas condutas nas relações internacionais. Essas prescrições e esses programas correspondem de modo geral e respectivamente ao chamado direito internacional privado ou convencional, sendo seu valor, assim, político e não jurídico.

15. Parece-me já não caberem dúvidas sobre o significado do subtítulo da minha tese, aparentemente paradoxal, o qual afirma a coincidência do desenvolvimento do direito internacional e do desenvolvimento do Estado. Minha noção de desenvolvimento do direito internacional como *assimilação progressiva do estrangeiro ao cidadão* é e pode ser somente o corolário de minhas noções de direito, de Estado e de direito internacional, porque o desenvolvimento de qualquer objeto deve efetuar-se segundo os elementos essenciais desse mesmo objeto; e tais são, sob esse aspecto, o cidadão e o estrangeiro considerados nas suas recíprocas relações. Conseqüentemente, os critérios segundo os quais o desenvolvimento do direito internacional é geralmente concebido, como colocação da guerra fora da lei, e como emancipação internacional do indivíduo, remetem-se, em última instância, à limitação da soberania do Estado. Esses critérios não têm nenhuma influência na minha noção de direito internacional e estão até mesmo em contradição com esta última. Assim, eles não poderiam ter para mim nenhum valor científico.

16. Após ter determinado o critério para a interpretação do desenvolvimento do direito internacional, achei que precisava indicar as vias historicamente possíveis desse desenvolvimento e ainda seu limite, ou sua finalidade imanente. O imperialismo e o federalismo pareceram-me ser essas vias, porque a unificação das nações, da qual surgiram entes políticos mais vastos, foi resultado tanto de uma via como da outra. Os termos imperialismo e federalismo estão aqui compreendidos – sublinhe-se – no seu sentido comum, através do qual designam a formação de uma unidade política mais vasta por meio da fusão de multíplices unidades políticas mais restritas, efetuada respectivamente graças à iniciativa comum das nações federadas, ou graças à iniciativa particular de uma das nações que constituirão a unidade política mais vasta. Sublinhei, aliás, que esses termos podem assumir ainda um outro significado. De acordo com esse outro significado, o imperialismo e o federalismo são dois momentos do processo dialético de toda unificação internacional.

Quanto à finalidade desse processo de unificação internacional, é evidente que esta é constituída pelo Estado universal, a *civitas maxima*, na qual deve desaparecer a oposição entre o cidadão e o estrangeiro e, da mesma forma, também deve desaparecer a distinção entre direito interno e direito internacional.

17. É fácil reconhecer nessa concepção do desenvolvimento do direito internacional o critério para a interpretação desse fenômeno da vida internacional do pós-guerra [ou seja, de 1918], que toma o nome de Sociedade das Nações. Os elementos da minha noção da Sociedade das Nações podem ser facilmente analisados sobretudo através da última parte da minha tese, constituída por uma crítica da concepção filosófica da Sociedade das Nações elaborada por Giorgio Del Vecchio. Esse autor afirma que a unidade jurídica do gênero humano é possível somente com o federalismo que respeite a independência absoluta das nações porque, segundo Del Vecchio, essa independência é necessária e está em conformidade com a idéia mesma de justiça. O autor italiano também tende a ver na Sociedade das Nações, na qual os Estados membros mantêm a plena soberania, a realização histórica dessa unidade. Na minha crítica, procuro demonstrar que os termos de uma Sociedade das Nações assim compreendida estão em contradição entre si. Uma tal Sociedade das Nações pode ser somente fruto de uma ou outra entre as duas coisas seguintes: uma aliança, ou seja, um acordo entre diferentes Estados que desejam alcançar em comum certos fins políticos determinados e limitados; ou uma espécie de conferência intergovernativa permanente da paz ou da ordem internacional (que está em absoluta harmonia com a minha noção das áreas das liberdades internacionais), cujo fim seria determinar as regras de uma sábia política internacional e ao mesmo tempo servir como instrumento para facilitar a aplicação dessas regras. A Sociedade das Nações de Genebra apresenta-se contemporaneamente sob ambos os aspectos: o particularismo da aliança e o universalismo da conferência nela coexistentes tendem a afirmar-se quase paralelamente, o que não impede porém que, à vista dos elementos contraditórios ali contidos, sejam uma razão recíproca de esterilidade.

18. Omitirei nesta sede um comentário, apesar de sua importância, sobre a noção de soberania que defini como *autoridade específica do Estado ou do direito para com os seus sujeitos* e aquela de desenvolvimento que defini como *a realização histórica das possibilidades infinitas de um objeto compreendidas na sua noção*. Não direi, da mesma forma, nada sobre os problemas filosóficos, históricos e críticos que considerei com detalhes na minha tese e que teria podido mencionar no correr da defesa. Isso me levaria muito longe e não teria tempo para discorrer sobre o assunto de modo adequado.

Devendo renunciar à esperança de poder dar uma idéia completa do conteúdo do meu trabalho, decidi limitar-me a dele assinalar os fundamentos e a colocar em evidência a coerência lógica das suas noções principais.

IV.
Hans Kelsen
Juízo sobre a tese de Umberto Campagnolo*

* O juízo de Hans Kelsen, até o momento inédito, consta de 20 páginas datilografadas em alemão, conservadas no Institut Universitaire de Hautes Études Internationales de Genebra, que gentilmente autorizou a sua publicação.

O texto kelseniano está dividido em cinco parágrafos sem título. Uma vez que a resposta de Campagnolo (cfr. pp. 139-87) remete expressamente a essa repartição, pareceu-me oportuno colocar entre colchetes os cinco títulos usados por Campagnolo também no início dos cinco parágrafos de Kelsen; disso resulta sublinhada a simetria entre os dois escritos e facilitada a passagem de um a outro.

O original de Kelsen traz em francês os trechos de Campagnolo, enquanto neste volume todo o texto kelseniano está em português. Na versão italiana, a publicação do texto original permite verificar o que está em alemão e o que está em francês.

O original em alemão não tem notas; as notas ao pé da página da presente tradução são minhas. Como Hans Kelsen cita os trechos de Campagnolo extraindo-os da tese datilografada, as notas remetem, onde é possível, às páginas da tese publicada em francês. Ademais, as notas ajudam a correlacionar o juízo de Kelsen e a resposta de Campagnolo no que se refere às citações literais de Campagnolo de trechos do juízo de Kelsen.

Observações sobre a tese de doutorado de Umberto Campagnolo, *Nações e direito*, ou seja, *o desenvolvimento do direito internacional como desenvolvimento do Estado*.

A tese é uma tentativa de dar uma nova definição dos conceitos de *direito, Estado, soberania, direito internacional* e *desenvolvimento do direito internacional*. Trata-se substancialmente de uma análise crítica fundamentada em considerações lógicas e epistemológicas da literatura relativa, e não de uma elaboração do material resumido nestes conceitos. O método é puramente dedutivo.

I. [A noção de direito]

O direito é incluído na categoria "norma", "regra" ou "lei" (p. 6)[1], pressupondo como óbvio que todas as três palavras tenham o mesmo significado. Das observações sucessivas se dessume que com este significado entenda-se uma regra do *ser*; ao menos no que se refere a definir o direito do *ponto de vista da ciência*. Efetivamente, a ciência do direito é para Campagnolo a parte das ciências naturais dirigida à realidade dos even-

---

1. Cfr. Umberto Campagnolo, *Nations et droit*, Alcan, Paris, 1938, p. 7.

tos; assim, o direito – mesmo que venha a ser definido "norma" –, enquanto objeto da ciência do direito, é objeto de conhecimento científico-naturalista como qualquer outro fenômeno natural. Não se leva em consideração que o *objeto* do conhecimento científico não sejam as regras ou as leis, mas aqueles fenômenos cujo comportamento é *descrito* pelas ciências naturais *por meio* de regras ou leis. A dificuldade que disso deriva exsurge desde logo da definição de direito com a qual Campagnolo inicia sua exposição e da qual derivam todas as sucessivas enunciações da sua tese: "a norma social que possui o mais alto grau de positividade, ou seja, a reação (historicamente determinada) da sociedade política por excelência com relação à ação de um de seus elementos ou sujeitos [...]" (p. 6)[2].

Não deve merecer uma ulterior crítica o fato de que o termo "positividade" seja aqui utilizado num sentido totalmente diverso daquele habitual; porém, deve-se dizer que da exposição de Campagnolo não resulta nem que coisa se deva entender com "grau" de positividade, nem como possam existir normas mais ou menos positivas no sentido de regras do *ser*, a partir do momento em que existem diversos graus dessa "positividade". Falar de direito "positivo" tem sentido apenas em contraposição ao direito "natural", e essa contraposição tem sentido somente se o direito for entendido como norma do *dever ser*, não como regra relativa a um ser; assim, como não teria nenhum sentido falar de leis "positivas" da natureza. É incompreensível sobretudo por que exatamente o direito tenha o grau mais elevado de positividade. Se a "positividade" de Campagnolo consistisse na reação regular da sociedade, mencionada na definição acima, então dever-se-ia observar que, segundo Campagnolo, uma reação semelhante se verificaria em presença de outras normas que não fossem jurídicas, por exemplo, em presença de normas morais (p. 15)[3], e que em lugar nenhum se afirma – nem poderia sê-lo – que a regularidade da reação seja aqui de grau inferior àquela do direito. Aliás, não é – como pareceria num pri-

---

2. Cfr. Umberto Campagnolo, *Nations et droit*, cit., p. 7.
3. Cfr. Umberto Campagnolo, *Nations et droit*, cit., p. 16.

meiro momento – a "positividade" que se exprime na reação regular da sociedade com relação a certos atos de seus membros: é o próprio *direito* que se manifesta nessa reação. Isto se percebe sem nenhuma dúvida na segunda definição de direito oferecida por Campagnolo (p. 14)[4] e em várias outras afirmações suas. O conceito de positividade de Campagnolo, assim, ou coincide com o de direito, ou perde completamente o significado.

Da citada definição de direito conclui-se que este é uma norma e, enquanto tal, é uma reação da sociedade. É claro, porém, que uma norma não pode ser uma reação e que uma reação não pode ser uma norma[5]. Uma norma, compreendida como regra do ser, pode apenas ser uma asserção sobre uma reação ou sobre a regularidade de uma reação, mas não a reação propriamente dita, a qual por si só é objeto de um conhecimento próprio de uma ciência do ser, enquanto a "norma" ou a "regra" representa seu *resultado*. Isso tem uma importância não puramente terminológica, mas de princípio. De fato, como *objeto* do conhecimento, o direito pode ser *norma* somente se o seu conhecimento tiver um caráter diverso daquele das ciências da natureza; ou seja, se esta tiver um caráter *especificamente normativo*, isto é, orientado, não na direção do ser, mas na direção do *dever ser*. A exposição de Campagnolo – como aquela de muitos autores que desejam fundar a ciência do direito como ciência da natureza ou da realidade – é caracterizada pelo fato de que ela confina constantemente com conceitos que são possíveis somente do ponto de vista normativo.

Isso pode ser observado em particular na segunda definição de direito proposta por Campagnolo (p. 14)[6], com a qual ele limita substancialmente a primeira, mesmo sem sublinhá-lo de modo explícito. A "norma jurídica" é aqui definida como "a reação exercitada por uma sociedade política contra um de seus membros que cometeu uma ação contrária ao denominado [...]

---

4. Cfr. Umberto Campagnolo, *Nations et droit*, cit., pp. 15 s.
5. Sobre essa frase retorna explicitamente a *Resposta* de Campagnolo, *infra*, p. 145.
6. Cfr. Umberto Campagnolo, *Nations et droit*, cit., p. 15.

fim social". Claramente referimo-nos à reação contra a *violação* do direito. Campagnolo fala explicitamente de "violação", por exemplo na p. 8[7]. Esse é um conceito que pressupõe o direito como norma do *dever ser*, porque não podem existir "violações" do ponto de vista do ser. Ademais, Campagnolo introduz aqui o conceito mesmo de dever ser. Ele prossegue efetivamente nesse caminho: "O direito é assim caracterizado, no confronto com outras normas, pelo fato de ser a expressão da sociedade no seu conjunto, a qual – considerada no seu aspecto objetivo, ou seja, do ponto de vista dos seus membros – tomará o nome de Estado. É com referência ao Estado que os indivíduos conhecem as ações que devem e podem fazer, ou que não devem; é assim que se realiza a relação de autoridade [...]."[8] Não é possível compreender por qual razão a "sociedade política", da qual procede a reação contra a violação do direito, adquira o nome de Estado somente "do ponto de vista dos seus membros", dado que o "Estado" é a definição objetivamente científica dessa estrutura social; e compreende-se menos ainda por que esse ponto de vista claramente subjetivo dos súditos do Estado seja definido por Campagnolo como "aspecto objetivo". O que conta é apenas que a reação do Estado, confrontada com as violações, realce – e precisamente sob um "aspecto objetivo" – o que se "deve" (*soll*) e o que não se "deve" fazer; um aspecto que não pode certamente derivar de um conhecimento fundado numa ciência do ser.

No correr de sua exposição, Campagnolo procura distinguir a concepção que do Estado e do direito possui quem é a ambos sujeito, do conhecimento que deles possui a ciência. Se se levasse isso em conta, poder-se-ia talvez entender o que ele diz aqui sobre a natureza do direito entendido como a efetiva e regular reação do Estado contra certas ações dos seus súditos contrárias à sua finalidade; conseqüentemente, *na consciência de quem está submetido ao Estado*, o direito manifestar-se-ia somente como norma do dever ser, sem porém sê-lo verdadei-

---

7. Cfr. Umberto Campagnolo, *Nations et droit*, cit., p. 9.
8. Cfr. Umberto Campagnolo, *Nations et droit*, cit., p. 15.

ramente. O sentido normativo do direito seria assim uma mera ilusão que a ciência deveria descobrir e destruir, dentro da idéia de que a Terra seja um disco e de que o Sol gire em volta da Terra. Mas isso não consta por ora na exposição dele. Por enquanto, ele não parece ver nenhum contraste entre o ponto de vista dos súditos e o do conhecimento objetivamente científico. De fato, continua assim: "Esta autoridade vista pelos sujeitos constitui a soberania do Estado." E esta soberania é por ele apresentada como uma qualidade objetiva do Estado, também do ponto de vista do conhecimento científico. "Disso deriva que não pode existir nenhuma norma que esteja em contradição com o Estado: o Estado, assim como foi ora definido – não se esqueça de que Campagnolo afirmara que a sociedade política assume o nome de Estado 'do ponto de vista dos seus membros' – coincide com o direito, ou melhor, com a unidade do ordenamento jurídico e é por natureza absoluto."[9] Tudo isso apresenta-se como uma descrição científica da natureza do Estado. Que o Estado seja soberano e "absoluto" não é mera aparência ilusória criada nos súditos do Estado, mas um fato objetivamente cognoscível. A afirmação de que não pode "existir" nenhuma norma em contradição com o Estado pode somente significar que uma tal norma não pode ter uma *validade fundada no dever ser (Soll-Geltung)*; de fato, não pode ser seriamente negada a efetiva existência de idéias que tenham como conteúdo normas em contradição com o ordenamento estatal. Algumas pessoas se sentem obrigadas a fazer o contrário do que o ordenamento estatal delas exige porque, num certo caso concreto, sentem-se vinculadas por normas diversas daquelas do ordenamento estatal. Deve-se admitir isso como um dado de fato – ainda que, como jurista, de um ponto de vista normativo considere-se válido apenas o ordenamento jurídico estatal e, assim sendo, deva-se negar uma validade fundada no dever ser (*Soll-Geltung*) a toda norma em contraste com o ordenamento estatal, se bem que se deva admitir que os seres humanos são efetivamente motivados pela idéia de normas diversas.

---

9. Cfr. Umberto Campagnolo, *Nations et droit*, cit., p. 15.

II. [O conceito de Estado]

Uma parte essencial da definição do direito de Campagnolo se fundamenta no conceito de "sociedade política", por ele a seguir identificado com o de Estado. Ora, o que Campagnolo entende por "sociedade política", que é um conceito fundamental (ou melhor, *o* conceito realmente fundamental) de toda a sua teoria? Ele dela oferece esta definição: "A sociedade que qualificamos como civil ou política por excelência é constituída por um agrupamento de indivíduos, cada um dos quais atinge a sua finalidade que aparece como historicamente essencial somente se todos os outros atingem igual e reciprocamente as respectivas finalidades" (p. 9)[10]. Fica imediatamente claro que esta não é uma definição conceitual da qual se possa deduzir algo sobre a real natureza do Estado. É uma típica ideologia do Estado, uma tentativa – empreendida de modo muito semelhante também pela filosofia clássica alemã – de *justificar* a existência do Estado, definindo-o como a organização que garante a harmonia dos interesses de todos os seus membros[11]. Do mesmo tipo são as conhecidas pseudodefinições do Estado como realização de um interesse comum de todos os súditos, do bem-estar geral e assim por diante. Que dentro dos vários Estados historicamente existentes não reine essa harmonia de interesses, isso já foi tão freqüentemente demonstrado, que Campagnolo, em utilizando tal ideologia, deveria ao menos fazer a tentativa de demonstrar que se trata de algo mais do que uma simples ficção política, cujo único escopo é a legitimação de um ordenamento coercitivo. Mas dessa tentativa não existem vestígios em seu escrito.

A definição de Estado de Campagnolo é, na verdade, uma *ideologia do Estado* que deve levar a uma concepção absoluta do Estado, e isso resulta muito claro da sua exposição sucessiva. Diz Campagnolo, a propósito da "sociedade política por

---

10. Cfr. Umberto Campagnolo, *Nations et droit*, cit., p. 10.
11. Sobre esta frase retorna explicitamente à *Resposta* de Campagnolo, *infra*, pp. 154 ss.

excelência", ou seja, do Estado historicamente existente: "Esta é a mais vasta sociedade humana e compreende todas as outras sociedades que perseguem um fim compatível com o fim dessa sociedade. Essas outras sociedades poderiam existir somente nesta fundamentando-se [...]. Tais outras sociedades, em vez disso, são fatos acidentais que surgem dentro da sociedade política naquela que chamaremos a área das liberdades do Estado [...]." Disso deveria derivar propriamente *somente uma única* "sociedade política" (p. 9)[12], porque, segundo a tese de Campagnolo, seria completamente impossível uma sociedade cujo escopo fosse incompatível com o escopo do Estado. Na página 14[13] ele afirma expressamente "não poder existir nenhuma norma em contraste com o Estado: o Estado assim como foi definido [...] é, na sua essência, absoluto". Segundo Campagnolo, existiriam certamente também outras normas, além das normas jurídicas do Estado, e também outras sociedades além da "sociedade política por excelência", mas tais normas seriam válidas somente como normas admitidas pelo Estado, e estas sociedades poderiam existir somente no interior e com a autorização do Estado. "As outras normas (morais, religiosas, de civilização etc.) representam ainda um modo regular segundo o qual a sociedade [...] reage às ações dos seus membros. Mas essa reação [...] não pode ter lugar acima e para além do contexto do Estado. Pelo contrário, [...] essa reação deve conformar-se ao Estado [...]: o Estado admite [...] a reação [...] moral, religiosa etc." Essa é a idéia do Estado total que, conseqüentemente, deve ser pensado como o único ente jurídico[14]. Poder-se-ia ainda pensar que a convicção da inevitável absorção de todas as outras sociedades por parte do Estado se referisse apenas às sociedades *não estatais*, se bem que isso não possa ser deduzido da afirmação acima citada. E realmente a ulterior exposição de Campagnolo pressupõe a existência de uma pluralidade de sociedades políticas contíguas, cujos escopos – segundo

---

12. Cfr. Umberto Campagnolo, *Nations et droit*, cit., p. 11.
13. Cfr. Umberto Campagnolo, *Nations et droit*, cit., p. 15.
14. Cfr. Umberto Campagnolo, *Nations et droit*, cit., p. 16.

Campagnolo – excluem-se reciprocamente. Mas, pela definição que Campagnolo oferece do Estado, não se compreende como os Estados "excluam-se uns dos outros em razão do seu específico e supremo fim" (p. 114)[15]. Efetivamente, cada Estado, enquanto "société politique" por excelência, deveria perseguir o escopo de consentir a cada um de seus membros a realização dos próprios objetivos somente sob a condição de que todos os outros realizem os próprios fins; e Campagnolo não indica nenhum outro objetivo do Estado. A harmonia dos interesses de um grupo não exclui absolutamente, *a priori*, a harmonia dos interesses de um outro grupo. A extensão de um Estado concreto está dessa forma contida desde o início na definição de sociedade política. Típica da tendência ideológica é também a seguinte demonstração: "O sacrifício da vida, ao qual podem ser chamados todos os membros da sociedade política para a realização de sua finalidade, prova de modo indiscutível o caráter essencial desse fim, que torna necessária a própria sociedade política" (p. 9)[16]. Todavia, do fato de que o Estado exija efetivamente o sacrifício de seus súditos não descende absolutamente que seja "necessário" o fim do Estado e, com este, o próprio Estado. Na melhor das hipóteses, isso pode derivar do fato de que o Estado *possa* (*darf*) pretender esse sacrifício. Exatamente isso, porém, é altamente problemático e, de qualquer forma, cientificamente não demonstrável. Campagnolo, em vez disso, pressupõe como óbvia uma resposta afirmativa a essa pergunta, atribuindo assim ao Estado a qualificação de autoridade mais elevada em absoluto e formulando por isso um juízo de valor inoportuno em conhecimento fundamentado numa ciência do ser. Como foi visto num trecho citado anteriormente, para Campagnolo a sociedade política por excelência é o Estado e, por sua vez, o Estado coincide com o direito. Na página 14[17] afirma-se expressamente: "o Estado [...] coincide com o direito, ou melhor, com a unidade do ordenamento jurídico". É difícil compreender como a "société politique", defi-

---

15. Cfr. Umberto Campagnolo, *Nations et droit*, cit., p. 108.
16. Cfr. Umberto Campagnolo, *Nations et droit*, cit., p. 11.
17. Cfr. Umberto Campagnolo, *Nations et droit*, cit., p. 15.

nida como um "reagrupamento de indivíduos", possa coincidir com o Estado, e, dessa forma, com o direito definido como "norma" ou como "reação" de um "reagrupamento de indivíduos". Se na definição de direito fosse substituída a "société politique" com o "ordenamento jurídico" com essa identificado, o resultado seria o direito como reação do direito contra as violações do direito, coisa evidentemente insustentável do ponto de vista lógico. No fundo, com tudo isso quer-se somente dizer que o direito é um ordenamento que estatui sanções.

Ao identificar esse ordenamento com o Estado, Campagnolo faz uma asserção que é própria também da doutrina pura do direito. Entretanto, esta última reconhece o Estado apenas como *um* ordenamento jurídico ao lado ou acima de *outros ordenamentos jurídicos*, deixando assim aberta a possibilidade de um direito internacional não coincidente com o direito estatal. Campagnolo, ao contrário, *limita o conceito de direito àquele do direito estatal*. Para usar sua terminologia, faz valer o direito somente como reação do Estado *contra seus súditos*. Campagnolo não analisa se as reações do Estado que se verificam efetivamente contra outros Estados e contra seus súditos, reações que são reguladas pelo direito internacional, possam ser compreendidas também como direito. Ele parte simplesmente de um conceito que se limita ao direito do Estado, por ele tornado absoluto mediante a característica da soberania atribuída ao direito ou ao Estado. Todos os outros resultados do seu trabalho são simples deduções desse conceito pré-constituído, que ele não tenta de nenhuma maneira verificar com o material empírico.

III. [O conceito de soberania]

Campagnolo define a soberania do Estado como "autoridade absoluta em relação aos seus sujeitos" ou como "verdadeira onipotência" (pp. 38 e 47)[18]. Aqui se observa já uma cer-

---

18. Cfr. Umberto Campagnolo, *Nations et droit*, cit., respectivamente, pp. 38 e 46.

ta contradição, porque uma autoridade não pode ser absoluta se o é somente com relação a certos sujeitos, como acontece para a autoridade do Estado e para sua soberania, que é tal somente em relação aos próprios súditos. Nem se pode falar de "onipotência" se o poder do Estado limita-se somente aos próprios súditos, sem estender-se aos súditos de outros Estados. Esse conceito de soberania pressupõe claramente a unicidade do Estado[19]. Segundo a argumentação até aqui desenvolvida, precisar-se-ia supor que essa soberania fosse uma qualidade objetiva da "société politique", determinada através de um conhecimento científico dirigido à realidade. Campagnolo trata a soberania desse modo também em outros contextos, sobretudo quando analisa o problema do direito internacional e o desenvolvimento do direito internacional. Dado que para ele – e sobre este assunto retornaremos – o chamado direito internacional constitui somente uma parte do ordenamento jurídico estatal, e dado que o desenvolvimento do direito internacional coincide com o desenvolvimento do Estado, ou seja, do ordenamento jurídico estatal, esse desenvolvimento consiste "na afirmação histórica da sua onipotência, na realização progressiva da sua essência soberana" (p. 212)[20]. Se o critério essencial do desenvolvimento do direito internacional consiste na afirmação da soberania do Estado, essa soberania do Estado deve ser uma realidade existente do ponto de vista de um conhecimento científico do Estado. Mas essa é uma obviedade, porque uma doutrina científica do Estado – e o trabalho de Campagnolo pretende sê-lo – não pode atribuir a este último nenhuma outra qualidade. Porém, do ponto de vista de Campagnolo as coisas não parecem ser desse jeito. Na p. 47[21] ele afirma: "O Estado [...] pode ser qualificado como soberano segundo o sentido próprio desse termo porque representa a verdadeira onipotência para o súdito: com efeito, o súdito, enquanto elemento do

---

19. Sobre essa última frase retorna explicitamente à *Resposta* de Campagnolo, *infra*, p. 162.
20. Cfr. Umberto Campagnolo, *Nations et droit*, cit., p. 205.
21. Cfr. Umberto Campagnolo, *Nations et droit*, cit., p. 46.

organismo estatal, não poderia imaginar nada além do Estado. Do ponto de vista do súdito o Estado é então soberano porque constitui a totalidade do objeto, no sentido de que tudo aquilo que, de um outro ponto de vista, possa ser considerado externo ao Estado, chega à consciência do sujeito unicamente com e no Estado [...]. A soberania do direito ou do Estado é, portanto, uma realidade, porque constitui uma experiência efetivamente vivenciada pelo ser humano, o qual com base nesse fato, ou seja, com base no fato de ser o sujeito dessa experiência, é definido como sujeito de direito ou do Estado. É necessário então procurar e conhecer na consciência do ser humano a soberania do direito, como de resto qualquer outro objeto, porque nada é para nós cognoscível fora de nossa consciência." Essas últimas palavras constituem um desvio de perspectiva porque nelas Campagnolo confunde a consciência do *sujeito cognoscente* com a consciência dos seres humanos que, enquanto súditos do Estado, são *objeto de conhecimento*. O que conta nas argumentações sucessivas não é tanto o posicionamento geral, possivelmente reconduzido a um subjetivismo epistemológico, mas sim o fato de que apresenta como simples opiniões subjetivas dos súditos do Estado certas afirmações objetivas, anteriormente por ele expostas como o resultado do próprio conhecimento científico sobre a natureza do Estado, e em particular sobre a soberania. Suas argumentações culminam até mesmo na clara distinção entre o "ponto de vista do sujeito do Estado" e o "ponto de vista do estudioso" (p. 114)[22]. É a essa distinção que ele alude quando afirma "que a soberania do Estado [...] não exclui absolutamente a possibilidade de falar de uma pluralidade de Estados soberanos". Isto vale obviamente para o ponto de vista do estudioso. "Mas naturalmente essa pluralidade de Estados não pode ser colhida do ponto de vista do sujeito de direito: para o sujeito de direito [...] existe um único Estado. A pluralidade dos Estados é objeto do conhecimento científico, ou seja, do conhecimento do universal [..]"[23]; en-

---

22. Cfr. Umberto Campagnolo, *Nations et droit*, cit., p. 108.
23. Cfr. Umberto Campagnolo, *Nations et droit*, cit., p. 47.

quanto o "conhecimento do súdito" é conhecimento "do ponto de vista particular". Se, como afirma Campagnolo, soberania significa onipotência e poder absoluto do Estado *totalitário* graças à sua soberania, então somente pode existir um único Estado[24], assim como pode existir somente um único Deus, se este é verdadeiramente absoluto e onipotente. Se, ao contrário, do ponto de vista do estudioso (ou seja, do ponto de vista do conhecimento científico) coexiste uma pluralidade de Estados, cada um dos quais exercita seu poder e sua autoridade somente sobre os próprios súditos, então – sempre do ponto de vista do conhecimento científico – o Estado não pode ser "soberano" no sentido exposto por Campagnolo. Por ora, é melhor deixar de lado o que signifique para Campagnolo afirmar que o Estado seja onipotente "do ponto de vista do súdito"; que este último represente "a totalidade do objeto" para o ser humano enquanto "sujeito de direito"; que tudo o que exista fora do Estado chegue à consciência do sujeito somente através do Estado; enfim, que seja aceitável a afirmação segundo a qual o ser humano, enquanto súdito do Estado ou subordinado ao direito, tenha ou deva necessariamente ter uma tal idéia da natureza do Estado ou do direito. Limito-me aqui a sublinhar que, numa análise científica do Estado, pode-se afirmar deste último apenas aquilo que dele se pode verificar "do ponto de vista do estudioso". Quando Campagnolo afirma: "A soberania do direito ou do Estado é assim uma realidade porque constitui uma experiência efetivamente vivenciada pelo ser humano" (p. 47)[25], comete o erro de identificar o fato psíquico, ou seja, o fato de que os seres humanos possuam uma determinada concepção, com a verdade e a realidade contidas naquela mesma concepção. Pense-se em quem, após dias de marcha no deserto e estando próximo da desidratação, acredita ver um oásis: esta é certamente "uma experiência efetivamente vivenciada pelo ser humano"; mas aquele oásis não é uma realidade se o conheci-

---

24. Sobre essa frase retorna explicitamente à *Resposta* de Campagnolo, *infra*, p. 164.

25. Cfr. Umberto Campagnolo, *Nations et droit*, cit., p. 46.

mento objetivo, ou seja, científico, apura que se tratou apenas de um engano da fada Morgana.

Para explicar melhor o dualismo dos dois posicionamentos, aquele dos súditos e aquele da ciência, Campagnolo acrescenta: "A pluralidade dos ordenamentos jurídicos, com efeito, é concebida do ponto de vista do estudioso, e não daquele do sujeito de direito. Para o sujeito de direito [...] a presença simultânea na sua consciência de vários ordenamentos equivalentes, que prescrevem condutas incompatíveis, é totalmente inconcebível" (p. 114)[26]. Campagnolo rebate "que é precisamente na experiência imediata dos seres humanos que o Estado ou o direito aparecem como soberanos" e depois afirma: "o reconhecimento da idéia da soberania que caracteriza a experiência jurídica e a constatação da coexistência de uma pluralidade de Estados são assim os dois termos, não de uma contradição, mas de um problema científico. Não existe contradição entre as duas proposições, porque o ponto de vista que conhece o Estado soberano não é aquele que admite a possibilidade ou a existência de uma pluralidade de Estados"[27]. Com essas palavras, Campagnolo admite que, para o ponto de vista segundo o qual existe uma pluralidade de Estados, não existe a soberania. Campagnolo não é muito coerente também quando nega que entre as duas concepções do Estado exista uma contradição e, depois, num outro contexto, fala de "antinomia" entre o ponto de vista do súdito e aquele do estudioso. Ele depois prossegue assim: "A afirmação de que o indivíduo, enquanto súdito do Estado, não conhece nada que não seja através do Estado não exclui a outra, segundo a qual existe uma realidade também fora do Estado; da mesma forma, dizer que o ser humano vê o Sol percorrer necessariamente o espaço e o bastão partido na água não contradiz a afirmação de que o Sol é imóvel e de que o bastão não está partido; porque a primeira proposição exprime aquilo que aparece à vista do indivíduo, enquanto a segunda enuncia o resultado da pesquisa científica."[28] É sem dúvida correto di-

---

26. Cfr. Umberto Campagnolo, *Nations et droit*, cit., p. 108.
27. Cfr. Umberto Campagnolo, *Nations et droit*, cit., p. 109.
28. Cfr. Umberto Campagnolo, *Nations et droit*, cit., p. 109.

zer que não existe contradição entre a afirmação de que um bastão imerso na água parece partido e a verificação científica de que o bastão não está partido; e que, assim, não existiria contradição se se afirmasse que o ser humano, enquanto súdito do Estado, considera este último como soberano (ou seja, onipotente e único), enquanto o Estado na verdade não o é do ponto de vista do conhecimento científico. Campagnolo porém não percebe que ele mesmo, como estudioso, declarou ser o Estado soberano; sobretudo, não se dá conta de ser uma contradição lógica insustentável a afirmação (independentemente da sua qualificação e do ponto de vista) de que o Estado *é* soberano e único e, ao mesmo tempo, de que *não o é*. A contradição permanece ainda que as duas afirmações sejam atribuídas a dois sujeitos diversos: a um súdito do Estado e a um homem de ciência[29]. Enfim, Campagnolo ignora que a ciência – quando demonstra que o bastão dentro d'água não está partido – explica a impressão de que tal bastão esteja partido como um erro dos sentidos e define *falso*, ou seja, inconciliável com suas próprias asserções, o afirmar que a essa impressão corresponda uma realidade. Assim, a afirmação de que o Estado seja soberano, feita "do ponto de vista de quem é sujeito de direito", deve ser refutada pela *ciência do direito e do Estado enquanto errada*, porque fundamentada numa ilusão. Campagnolo deveria ter chegado a essa conclusão, com maior razão ainda porque não hesita em declarar "ilusória" a concepção da natureza do Estado adquirida "do ponto de vista do súdito submetido ao direito", adquirida, ou seja, através daquela que ele define a "experiência estatal do sujeito". "Os termos Estado, direito, *jus* e soberania, definidos segundo noções científicas, ou seja, segundo o sistema universal de experiências que a linguagem exprime, não correspondem, do ponto de vista da ciência, ao objeto que designam. Aquilo que o sujeito jurídico, o indivíduo na sua relação imediata com a sociedade da qual é membro, considera como a expressão de *aquilo que é*, da norma absoluta,

---

29. Sobre essa frase retorna explicitamente à *Resposta* de Campagnolo, *infra*, p. 164.

do comando por excelência, da onipotência, revela-se à ciência como instável, relativo, não autorizado, limitado."[30] Incompreensivelmente, acrescenta depois: "Todavia, mesmo que seja justificada, da negação da soberania, entendida como objeto absoluto ou como valor universal, não deriva que ela possa ser separada da noção de Estado ou de direito."[31] Isso pode somente significar que o conceito do Estado, enquanto comunidade soberana, ou seja, onipotente, único e totalitário, assim como parece seja vivenciado efetiva e necessariamente pelo indivíduo como súdito, deva ser sustentado também do ponto de vista da ciência, se bem que Campagnolo admita que o Estado, sob este ponto de vista, não seja absolutamente identificável com um tal ente. Campagnolo considera poder assim justificar esta surpreendente opinião: "A ciência, se bem que reconheça o caráter ilusório da experiência jurídica, não pode negar ou suprimir essa experiência que o ser humano realiza segundo uma necessidade essencial do seu ser [...]. A ciência demonstrará que o indivíduo é essencialmente estimulado a qualificar como jurídicas ou estatais (e, como conseqüência, soberanas) as experiências que, no sistema universal do conhecimento, não possam corresponder ao significado dos termos usados para designá-las. Mas, assim fazendo, a ciência não exclui absolutamente a realidade da experiência indicada com o termo soberania."[32] Porém, a "realidade da experiência", ou melhor, o fato de que o súdito viva de um certo modo o Estado e que dele dessuma efetivamente uma certa idéia sobre sua natureza, não diz realmente nada sobre o valor de verdade ou sobre o conteúdo de realidade dessa idéia: será preciso esperar que o conhecimento científico, o único a poder dizer a última palavra sobre a verdade e sobre a realidade, seja capaz de verificar o conteúdo dessa idéia[33]. A situação em que um doente mental acredita ser imperador da Europa, pode sem dúvida constituir "uma ex-

---

30. Cfr. Umberto Campagnolo, *Nations et droit*, cit., p. 112.
31. Cfr. Umberto Campagnolo, *Nations et droit*, cit., p. 113.
32. Cfr. Umberto Campagnolo, *Nations et droit*, cit., pp. 113 s.
33. Sobre essa frase retorna explicitamente à *Resposta* de Campagnolo, *infra*, p. 165.

periência efetivamente vivenciada pelo indivíduo" (p. 47)[34]; mas isto não pode induzir a ciência psiquiátrica a considerar efetivamente aquele doente como imperador da Europa[35]. Campagnolo continua: "Essa experiência [do súdito] subsiste perfeitamente, assim como subsistem as experiências do movimento do Sol e do bastão partido na água, e constitui o ponto de partida e a matéria da ciência do direito, a qual desta dessume também a própria denominação."[36] Se essa analogia estiver exata, então não se compreende por que Campagnolo não diga abertamente que a idéia de uma soberania do Estado é uma insustentável ilusão diante do foro da ciência[37] (assim como o faz a física com a idéia do bastão partido na água) e, ao contrário, afirme ser a soberania o elemento essencial do conceito científico do Estado. Ele chega até mesmo a sustentar o seguinte, na medida em que ressalta o caráter ilusório da experiência estatal do sujeito de direito: "Isso ocorre porque o Estado pode pedir ao próprio sujeito o sacrifício da sua vida; está contida no cumprimento desse sacrifício a suprema prova concreta da efetiva soberania do Estado ou do direito" (p. 47)[38]. Isso quer dizer, nem mais nem menos, que um físico não poderia negar que um bastão na água se parte, porque não poderia negar que o indivíduo efetivamente recebe uma tal impressão dos seus sentidos.

É de resto altamente problemático que Campagnolo mencione aquela que ele denomina "experiência estatal ou jurídica". Primeiramente, não se vê por que o súdito deva receber uma impressão da natureza do Estado completamente diversa e inconciliável com aquela do conhecimento científico. Campagnolo não se põe nem mesmo esta pergunta, que todavia deveria vir logo à sua mente. Não faz, ademais, a tentativa de demonstrar *que* os súditos efetivamente percebem seu próprio

---

34. Cfr. Umberto Campagnolo, *Nations et droit*, cit., p. 46.
35. Sobre essa frase retorna explicitamente à *Resposta* de Campagnolo, *infra*, p. 165.
36. Cfr. Umberto Campagnolo, *Nations et droit*, cit., p. 114.
37. Sobre essa frase retorna explicitamente à *Resposta* de Campagnolo, *infra*, p. 165.
38. Cfr. Umberto Campagnolo, *Nations et droit*, cit., p. 46.

Estado como onipotente, totalitário e até como único. Fatos geralmente conhecidos demonstram o contrário. Ninguém poderia duvidar que muitos sujeitos sabem como fugir de todos os modos do poder do respectivo Estado; sabem muito bem que o Estado não é mesmo onipotente, desertam com sucesso, sonegam impostos e sabem como evitar a reação na qual, segundo Campagnolo, o direito se manifesta e, conseqüentemente, também o Estado. Como pode um súdito perceber como totalitário o Estado que deixa que muitos setores da vida humana sejam regulados fora dele mesmo, como hoje ocorre em muitos Estados? Como pode percebê-lo o súdito que se sente unido a uma comunidade religiosa ou política em luta contra o Estado? Como pode um súdito perceber seu Estado como único se, para subtrair-se à sua suposta onipotência, basta-lhe simplesmente passar a fronteira para viver seguro em um outro Estado? Aquilo que Campagnolo define como o conteúdo de uma "experiência estatal", que se manifestaria necessariamente em todos os súditos do Estado, não é outra coisa senão a conhecida ideologia do dogma totalitário e absolutista da soberania. Se e até que ponto essa ideologia é eficaz ou, em outros termos, se e até que ponto os súditos concebem a natureza do Estado segundo a própria idéia desta ideologia, isto constitui uma pergunta sem uma resposta precisa, à falta de uma análise aprofundada.

A doutrina pura do direito demonstrou que, entre as ideologias que transfiguram ou até mesmo absolutizam o Estado e o direito, é preciso distinguir – no âmbito de uma observação dirigida àquilo que realmente acontece – a ideologia em cujas vestes se apresentam como uma mesma coisa o ordenamento jurídico e o estatal[39]. Parece que Campagnolo, com a sua distinção entre o "ponto de vista do estudioso" e o "ponto de vista do súdito" tenha em mente exatamente o dualismo que a doutrina pura do direito pensa reconhecer no contraste entre realidade natural e ideologia social, ou seja, entre o Estado como poder e o Estado como direito. Sobre o fato, pois, de que

---

39. Sobre essa frase retorna explicitamente a *Resposta* de Campagnolo, *infra*, p. 172.

a formulação de Campagnolo constitua um progresso, preferiria não me pronunciar.

IV. [O conceito de direito internacional]

Se o direito, segundo a definição da qual parte a análise de Campagnolo, é apenas uma reação do Estado contra os próprios súditos, o direito internacional não pode existir de jeito nenhum, ou deve contentar-se em ser uma parte do ordenamento jurídico estatal; os seus sujeitos podem ser apenas os indivíduos enquanto súditos do Estado, e não os Estados ou os súditos de um Estado diverso daquele do qual o direito internacional deva considerar-se uma parte. Campagnolo abraça a segunda parte dessa alternativa. De fato, na p. 244[40] ele diz: "O direito internacional é [...] uma parte do direito estatal." Tal direito internacional "regula a conduta do cidadão com relação ao estrangeiro". Tudo isso deriva automaticamente do conceito de direito formulado anteriormente. Campagnolo não analisa ulteriormente se e até que ponto as normas consideradas como direito internacional podem ser interpretadas segundo esse esquema e, assim, o valor dos seus esclarecimentos conceituais permanece problemático. Ademais, Campagnolo não leva de modo algum em consideração uma série de questões que estão diretamente em conflito com a sua definição do conceito de direito internacional. Uma vez que ele pressupõe uma pluralidade de Estados, não pode existir um único direito internacional, mas sim muitos ordenamentos de direito internacional, precisamente tantos quantos sejam os Estados existentes. Por qual motivo esses ordenamentos coincidem de fato, quando estes, segundo a concepção de Campagnolo, não deveriam necessariamente coincidir? A tese de que o direito internacional seja uma parte do ordenamento jurídico estatal é, em última análise, inconciliável com a idéia de uma pluralidade de Estados existentes um ao lado do outro, e exatamente nisso essa tese revela uma con-

---

40. Cfr. Umberto Campagnolo, *Nations et droit*, cit., p. 237.

seqüência do dogma da soberania absoluta do Estado, dogma com base no qual é possível somente a existência de um único Estado. Uma observação ocasional sua ilustra o quanto Campagnolo – não como "sujeito de direito", mas como "estudioso" – seja colocado em dificuldades por essa conseqüência da sua própria concepção do Estado: "A questão de saber se no mundo existe um único Estado ou se existem mais Estados diz respeito à ciência histórica ou política, e não àquela jurídica [...]. A idéia do Estado é o único objeto da ciência do direito; a pluralidade empírica dos Estados existentes é tão-somente a realização histórica desta idéia" (p. 228)[41]. Já assim ele se coloca em contradição direta, seja porque não nega a existência do direito internacional, seja porque precisa admitir que aceitar a idéia de uma pluralidade de Estados existentes um ao lado do outro seja uma premissa essencial do direito internacional (p. 250)[42]. Ao fazer-se a pergunta se existe um só Estado, ou uma pluralidade de Estados, deve-se considerar uma questão de extrema importância para a ciência jurídica, ou seja, se esta última considera como seu objeto também o direito internacional. Na verdade, o dogma da soberania leva necessariamente a uma negação radical do direito internacional, como já foi demonstrado diversas vezes. A tentativa de Campagnolo de conservar o direito internacional fundamentando-se ao mesmo tempo no dogma da soberania como parte do ordenamento jurídico estatal é, como todas as tentativas desse tipo, intrinsecamente contraditória.

Campagnolo acredita poder confutar essa objeção demonstrando que a pressuposição da existência de uma pluralidade de Estados ou de ordenamentos jurídicos estatais, dos quais o direito internacional é parte, não é um obstáculo à exigência epistemológica da unidade do direito como objeto da ciência jurídica. Ele acredita "que a existência de uma pluralidade de Estados não esteja de jeito nenhum em contraste com a unidade sistemática da ciência do direito [...], assim como a antropologia não deva perguntar-se se existe um único ser humano ou

---

41. Cfr. Umberto Campagnolo, *Nations et droit*, cit., p. 221.
42. Cfr. Umberto Campagnolo, *Nations et droit*, cit., p. 243.

uma pluralidade de seres humanos: esta deve apenas distinguir um ser humano do outro. A unidade da ciência depende apenas da unidade conceitual do seu objeto, que é constituído por uma multiplicidade de experiências" (p. 228)[43].

Essa observação é dirigida contra a doutrina pura do direito, na medida em que ela considera poder ser a unidade do objeto do conhecimento jurídico alcançada somente quando todas as normas consideradas direito estiverem incluídas num único sistema sem contradições; a doutrina pura do direito vê esse sistema no direito internacional, que delega [a juridicidade a todos] os ordenamentos jurídicos de cada um dos Estados e, assim, compreende todos eles. Isso posto, a doutrina pura do direito parte do pressuposto de que o conhecimento do direito possua caráter normativo; que a doutrina seja orientada na direção das normas do dever ser e que, dentro da esfera do dever ser – ou seja, dentro de um sistema de normas, entendidas como proposições que enunciam um dever ser – o princípio de não-contradição valha como um sistema de juízos relativos ao ser. É de todo irrelevante a contrária observação de Campagnolo, segundo a qual a unidade do objeto do conhecimento do direito permanece intacta se não se coloca em discussão a unidade do conceito do direito e que o ordenamento jurídico possa considerar como coexistentes normas em contradição entre elas; de fato, a sua ciência do direito – ao menos quando elaborada "do ponto de vista do estudioso" – não é dirigida a um dever ser, mas ao ser. Essa mesma ciência não pode negar que toda contradição lógica deva ser excluída do interior do sistema de uma tal ciência. Uma ciência semelhante do direito, entretanto, não enuncia absolutamente proposições fundadas no dever ser, mas apenas juízos sobre fatos fundados no ser, em particular fundados no fato de que os seres humanos possuem certas concepções do dever ser. Esse, porém, é um juízo completamente diverso daquele que exprime o conteúdo dessa concepção do dever ser, ou seja, que o põe como dever ser. Afirmar que certos seres humanos consideram obrigatória a

---

43. Cfr. Umberto Campagnolo, *Nations et droit*, cit., p. 221 s.

norma "*A* deve" e que outros seres humanos consideram obrigatória a norma "*não-A* deve" não é contraditório, como não o é em antropologia constatar que, entre os seres humanos, alguns são negros e outros são brancos[44] ou, em psicologia, que na consciência do próprio ser humano convivem idéias cujos conteúdos se contradizem. Quando assume o ponto de vista normativo, ou seja, quando se coloca "do ponto de vista do sujeito", Campagnolo alcança o mesmo resultado da doutrina pura do direito[45]: aquele segundo o qual – como ele mesmo o diz – pode existir somente um único Estado ou, mais exatamente, que pode estar em vigor apenas um único sistema de normas jurídicas e que cada norma em contraste com uma norma desse sistema deva ser considerada não válida.

Se o direito internacional faz parte do ordenamento jurídico de cada Estado individualmente considerado, então a produção do direito internacional de um certo Estado pode ser regulada somente pela Constituição desse último. Mas como pode estar em harmonia com a concepção de Campagnolo o fato de que o procedimento para produzir as normas consideradas de direito internacional – ao menos em parte, ou seja, na sua parte essencial – ocorra fora do âmbito de cada Estado, a partir do momento em que consiste na ação conjunta de dois ou mais Estados? Também essa interrogação não recebe resposta de Campagnolo, ou pelo menos ele não a oferece de modo satisfatório, evitando completamente confrontar a sua concepção com o material empírico e limitando-se a criticar as teorias de outros.

V. [O conceito de desenvolvimento do direito internacional]

Campagnolo deduz sua definição de base do conceito de direito internacional e do conceito de desenvolvimento do di-

---

44. Sobre essa frase retorna explicitamente à *Resposta* de Campagnolo, *infra*, p. 178.
45. Sobre essa frase retorna explicitamente à *Resposta* de Campagnolo, *infra*, p. 176.

reito internacional. Dado que, segundo Campagnolo, o direito coincide com o Estado e, dessa forma, o direito internacional é uma parte do Estado, o desenvolvimento do direito internacional consiste apenas no desenvolvimento do Estado. "O direito internacional [...] enquanto parte do Estado, desenvolve-se com o Estado [...]; o desenvolvimento do Estado consiste na sua afirmação histórica de onipotência, ou seja, na realização progressiva da sua essência soberana. Assim, o direito internacional atingirá a sua perfeição com e no Estado, o qual tornará efetiva a sua autoridade sobre todos os seres humanos, de modo que para o Estado não existirão mais estrangeiros" (p. 211)[46]. O desenvolvimento do direito internacional, segundo sua própria natureza, tem assim como finalidade a constituição de um Estado universal. Isto é certamente exato, ainda que dessa forma não se tenha dito tudo de essencial sobre o processo que se costuma designar como evolução do direito internacional. É preciso todavia perguntar-se se se deve considerar particularmente feliz[47] uma formulação desse princípio evolutivo, na qual é colocada em primeiro lugar a abolição da diferença entre os cidadãos do Estado e os estrangeiros. A construção do Estado mundial pode ocorrer de dois modos: ou um Estado estende com a força a sua "soberania" sobre os outros Estados (e essa é a via do imperialismo), ou cada um dos Estados se une voluntariamente ao outro, numa federação universal de Estados, da qual, gradualmente, através de uma crescente centralização, pode surgir uma confederação e, enfim, um Estado unitário. Esta é a via do federalismo. Também Campagnolo distingue essas duas vias (p. 238)[48], que ele define como equivalentes do ponto de vista da sua teoria: "A nossa doutrina não permite refutar *a priori*, como outras o fazem, [...] uma das duas vias do desenvolvimento da

---

46. Cfr. Umberto Campagnolo, *Nations et droit*, cit., pp. 204 e 205.
47. Sobre essa frase retorna explicitamente à *Resposta* de Campagnolo, *infra*, pp. 181-2.
48. Cfr. Umberto Campagnolo, *Nations et droit*, cit., p. 231.

política internacional. O federalismo não é melhor do que o imperialismo." Mas a sua já mencionada definição de desenvolvimento do direito internacional adapta-se sem restrições somente ao princípio imperialista. Um desenvolvimento do direito internacional pode partir somente da situação atual. Quando Campagnolo afirma que o desenvolvimento do direito internacional coincide como desenvolvimento do Estado, ou seja, "com a realização progressiva da sua essência soberana", não pode querer dizer outra coisa senão o seguinte: um certo Estado estende sua soberania sobre todos os outros[49]. Inversamente, com o federalismo o desenvolvimento do direito internacional pode ocorrer através de uma progressiva debilitação e de uma gradual limitação da soberania de cada um dos Estados. E não poderia ser seriamente colocado em dúvida que a *efetiva evolução* do direito internacional – ao menos até o momento – tem exatamente essa última característica. De toda a exposição de Campagnolo, entretanto, transparece que ele vê o modelo histórico desse desenvolvimento do direito internacional somente no desenvolvimento do Império Romano, de Império a Estado mundial; e, analogamente, ao definir o próprio conceito de direito internacional, ele mesmo faz próprio o conceito romanista de *jus gentium*. Exatamente a propósito do problema do desenvolvimento do direito internacional, Campagnolo fala sempre de "potência expansiva da nação". É muito significativo que para ele o conceito de nação tome o lugar da idéia de Estado. Também a sua concepção imperialista do desenvolvimento do direito internacional deriva, em última análise, da sua definição de direito. A via do federalismo, ou seja, a união sempre mais sólida dos Estados, não pode ser levada seriamente em consideração por Campagnolo simplesmente porque esta não pode ser pensada sem que se aceite um direito internacional superior a cada um

---

49. Sobre essa frase retorna explicitamente à *Resposta* de Campagnolo, *infra*, pp. 182-3.

dos Estados. Somente essa concepção torna possível organizar em categorias jurídicas, ou seja, entender como desenvolvimento jurídico, as multíplices passagens intermediárias que vão de uma condição de Estados individuais, juridicamente isolados uns dos outros, até a condição final de um Estado universal formado pela reunião deles mesmos. Do ponto de vista do Estado absolutamente soberano, toda "evolução" deve parecer extremamente problemática.

Não é certamente uma coincidência que Campagnolo, pensador muito dotado e particularmente agudo, chegue a conclusões em certa medida semelhantes àquelas expostas numa tese defendida recentemente, sobre a primazia do direito internacional, do doutor Schiffer[50]. Ambos os trabalhos são sintomas característicos do nosso tempo, assinalado pelo desmoronamento da Sociedade das Nações e por uma notável debilitação da eficácia do direito internacional. Nessa situação, é compreensível que – diante de duas possíveis interpretações da realidade jurídica – primazia do direito internacional ou primazia do ordenamento jurídico estatal –, a segunda tome novamente a frente e seja preferida, sobretudo pelos autores mais jovens.

No meu relatório sobre a tese de Campagnolo, ocupei-me apenas da parte positiva e construtiva do seu trabalho, se bem que esta seja quantitativamente muito menor do que a crítica. Alongar-me-ia por demais se analisasse as vastas polêmicas conduzidas por Campagnolo contra as teorias de vários autores. Devo porém sublinhar que exatamente as partes críticas são as melhores do seu trabalho e que estas possuem sem dúvida um grande valor científico. Minha refutação de sua teoria positiva – por razões que, exatamente pela importância da teoria, expus muito mais longamente do que em geral ocorre em

---

50. Walter Schiffer, *Die Lehre vom Primat des Völkerrechts in der neueren Literatur*, Druck der Spamer AG, Leipzig, 1937, 286 pp. Essa tese, apresentada na primavera de 1937 por um aluno do Institut que já havia conseguido o doutorado em Breslau (a hodierna Wroclav, na Polônia), foi defendida diante de uma comissão da qual também fazia parte Hans Kelsen (a cujas teorias são dedicadas as pp. 165-216 da tese).

comentário a uma dissertação – não quer absolutamente dizer que eu dela não aprecie altamente o valor científico. Ao contrário. Ela representa uma tentativa de inconsueto interesse, e notável pela profundidade de seus fundamentos filosóficos, de resolver uma série de problemas fundamentais da ciência jurídica, partindo de um ponto de vista original. É por isso quase supérfluo acrescentar que o nível desse trabalho é muito superior ao de uma, ainda que excelente, tese de doutorado.

Obviamente, peço que a esse trabalho seja concedido o *imprimatur*. Ou melhor, uma vez que sei que Umberto Campagnolo não tem condições de cobrir os custos da publicação, sinto-me na obrigação de pedir à direção do Instituto que lhe ofereça, também sob este ponto de vista, todo o apoio possível.

Genebra, 28 de dezembro de 1937.

V.
Umberto Campagnolo
Resposta a Hans Kelsen*

* A *Réponse à M. Kelsen* é um texto inédito preparado por Campagnolo em 1937 ou 1938 para contrastar as críticas de Kelsen à própria tese de doutorado. O material datilografado consta de 57 páginas e está conservado no Arquivo da Família Campagnolo, em Veneza, que dele gentilmente autorizou a publicação.

O texto está subdividido em cinco itens numerados, aos quais se acrescentam dois títulos não numerados, um na abertura antes do item 1 e outro como conclusão, após o item 3. Essa pentadivisão corresponde aos cinco itens nos quais se articula o juízo de Kelsen.

Com exceção de duas notas ao pé da página do próprio Campagnolo, as outras notas são minhas e remetem ao juízo de Kelsen, do qual Campagnolo extraiu os trechos citados em sua resposta. Uma vez que ele os traduz – às vezes muito livremente – em francês, preferi evitar a retrotradução e citar os trechos exatamente como aparecem na tradução em português do juízo de Kelsen.

Na sua crítica à minha tese, Hans Kelsen ignora dois elementos sobre os quais, todavia, a minha atenção se deteve longamente e que são de fundamental importância para compreender o meu pensamento. O primeiro desses elementos é constituído pela parte filosófica, que está na base de minha tentativa para determinar *ex novo* as noções fundamentais da ciência jurídica. O outro elemento é representado pela parte crítica, que tenta determinar – com a descoberta e com a análise das inevitáveis e insuperáveis dificuldades das principais doutrinas jurídicas, e em particular da doutrina pura do direito – a necessidade da posição ocupada pela minha teoria e, contemporaneamente, a sua originalidade.

Ao afirmar que Hans Kelsen subestimou esses dois elementos essenciais de minha tese não pretendo fazer-lhe uma reprovação por não ter dedicado algumas páginas de sua crítica à análise destes, mas sim por não os ter levado em conta na sua interpretação do meu pensamento. O dualismo gnosiológico e metafísico, posto como fundamento da doutrina pura do direito mediante a separação absoluta entre *Sein* e *Sollen*, permanece efetivamente o fundamento da sua crítica à minha tese, se bem que eu tenha demonstrado que o nominalismo extremo, que constitui o seu êxito lógico reconhecido, é incompatível com a idéia mesma da ciência, não obstante que eu tenha realizado um esforço para substituí-lo por uma concepção unitária do conhecimento, fundamentando-a em duas noções: a de relação transcendental entre sujeito e objeto e a de subordinação do ponto de vista do particular ao ponto de vista universal.

É regra bem conhecida que a verdadeira crítica de uma doutrina deve ser imanente, ou seja, deve ser desenvolvida colocando-se o crítico sob o ponto de vista dessa doutrina. Somente as dificuldades e os erros que se manifestam a partir desse ponto de vista são dificuldades ou erros imputáveis à doutrina que se estuda; as divergências existentes entre a doutrina do crítico e a doutrina criticada, qualquer que seja a sua importância, têm um significado meramente pessoal, não científico.

Minha resposta a Kelsen, assim, não será uma tentativa de superar as dificuldades e de resolver as contradições sublinhadas nas suas observações. Tais dificuldades e contradições não existem para mim, a partir do momento em que me coloco do ponto de vista de uma concepção unitária da ciência e que daí vejo o objeto na sua relação concreta com o sujeito. Minha tarefa consistirá sobretudo em demonstrar por qual razão as noções do meu sistema científico aparecem como plenas de dificuldades e contradições sob a perspectiva da doutrina pura do direito, indicando a diferença inicial existente entre os pontos de vista das duas doutrinas.

Esta resposta seguirá o mais possível a ordem crítica de Kelsen.

O método da minha tese

Qualificando como puramente dedutivo o método da minha tese, Kelsen pretende certamente dizer que as proposições científicas por ela sustentadas são o resultado da dedução lógica ou formal a partir de certos postulados ou de certas definições; segundo Kelsen, eu teria completamente omitido a observação e o estudo dos fatos concretos, ou seja, do material empírico que deveria ser compreendido através de noções estabelecidas dedutivamente.

Creio que Hans Kelsen aplique aqui um critério de juízo dos métodos científicos que se apóia numa base insuficiente.

Não existe um método dedutivo puro, assim como não existe também um método indutivo puro. O puro formalismo não é um método científico, mas um exercício intelectual finalizado em si mesmo, um esporte da mente. O método científico é somente um, como somente um é o pensamento e a realidade[1]: este consiste em estabelecer a correspondência entre as diversas modificações da consciência provocadas pela presença de objetos diferentes. O método dedutivo é a direção do espírito, concebido de modo reflexo e abstrato na sua atividade científica, indo da consciência ao objeto, enquanto o método indutivo é, de forma análoga, a direção do espírito, indo do objeto à consciência, ou seja, à noção. A determinação científica de uma noção pressupõe necessariamente a modificação da consciência produzida por um objeto e expressa por uma palavra. A ciência, assim, não pode nunca dispensar a observação ou a experiência. A ciência assim chamada dedutiva por excelência, ou seja, a matemática, fundamenta-se também, como todas as outras ciências, na experiência; de outro modo, seria apenas um capricho ou um divertimento da inteligência. Uma doutrina é dedutiva no sentido ora criticado, ou seja, enquanto puramente formal, não porque não descreva os objetos que formam a matéria do seu estudo, mas porque abstrai o significado concreto dos termos que usa, após deles haver convencionalmente fixado o significado. Mas essa doutrina dedutiva não poderia ser considerada uma ciência.

A ciência, sendo o sistema de todas as experiências expressas pelos termos da linguagem, não poderia ser construída independentemente dos fatos (ou seja, dos objetos, das noções), porque as noções são a expressão concreta dos objetos da experiência aprendidos com a reflexão. Efetivamente, as palavras, segundo seu valor originário, exprimem a forma comum (específica) das modificações produzidas na consciência pelos diferentes objetos. O objeto não é externo à noção: ele está no in-

---

[1]. O verbo deveria ser no plural, porque os sujeitos são o pensamento e a realidade; mas também Campagnolo prefere concordar pelo sentido, usando o verbo no singular para sublinhar seu pensamento.

terior da própria noção, de forma que sua análise ou seu desenvolvimento são a análise e o desenvolvimento da experiência. O processo formal do silogismo, que realiza o desenvolvimento da noção, é a lei segundo a qual o pensamento toma consciência das próprias e concretas modificações. Expondo sua doutrina, um autor pode citar um número mais ou menos grande de fatos ou, em outros termos, pode descrever um número mais ou menos grande de objetos que correspondem à noção científica, mas essa descrição não tem nenhum valor essencial e não caracteriza de modo algum um método científico com relação a outro. Tal descrição representa apenas o meio didático que toma o nome de exemplificação, e sua oportunidade varia segundo a natureza das noções e dos objetos. Freqüentemente, facilita o ensino de uma doutrina, mas às vezes pode ainda comprometer o rigor científico da exposição.

A essa altura, é preciso recordar que minha tese é fundamentalmente teórica e não histórica, porque não tem a tarefa de estabelecer a existência de um fato segundo a lei da causalidade num determinado momento da história, mas sim a tarefa de elaborar noções universalmente válidas, ou seja, válidas sempre e em qualquer lugar, abstraindo das condições históricas particulares. É por essa razão que minha doutrina manifesta uma certa aversão a fixar-se em exemplos que, podendo às vezes ajudar a compreensão da noção geral, aventuram-se todavia a levar o leitor a dela reduzir a extensão através de um enriquecimento indevido de elementos contingentes.

Em síntese, qualificar como puramente dedutivo o método de minha tese, se se admite que meu esforço não é um simples jogo do espírito sem relação com os objetos do meu estudo, significa somente que minha tese apresenta uma forte tendência, em razão da sua natureza teórica, a evitar os exemplos concretos, enquanto inadequados às exigências da universalidade. Mas no sentido próprio do termo, o método de minha tese pode ser qualificado somente como científico, porque este é o método do pensamento real.

1. A noção de direito

Após ter observado que nego a existência de uma distinção essencial entre a ciência do direito e as ciências da natureza, Kelsen acredita interpretar o meu pensamento afirmando que o direito é para mim uma regra do ser (*Seins-Regel*), e a esse propósito me reprova por eu não ter notado que o objeto do conhecimento das ciências da natureza não é a regra ou a lei, mas sim os fenômenos dos quais as ciências da natureza determinam o conteúdo na regra ou na lei[2]. Como poderiam as ciências da natureza ser consideradas essencialmente idênticas à ciência do direito, se umas têm como objeto fenômenos, enquanto a outra tem como objeto regras que exprimem a ordem segundo a qual os fenômenos se manifestam? "É claro – afirma Kelsen, colocando-se sob o ponto de vista da sua doutrina – que uma norma não pode ser uma reação e que uma reação não pode ser uma norma."[3] Com efeito, para o meu crítico, o objeto das ciências naturais seria um fenômeno, um fato real; as respectivas ciências não recairiam, assim, na mesma espécie.

O mesmo autor havia porém reconhecido pouco antes que o direito, assim como eu o concebo enquanto objeto da ciência jurídica, é um fato ou uma realidade, e não um juízo, e que por essa razão este não seria especificamente distinto dos objetos da ciência da natureza. Mas então não sei se Kelsen pensa que para mim o direito seja "uma regra do ser" ou um fenômeno natural, nem qual dessas concepções ele pretenda criticar. Ao definir o direito como reação social, eu acreditava ter esclarecido que para mim o direito é um objeto como todos os outros e acrescentava, exatamente como um animal, uma planta ou uma

---

2. Kelsen não se dá conta de que eu poderia voltar contra ele a sua própria argumentação, fazendo observar, por minha vez, que, se eu erro, atribuindo fatos e não leis como objeto às ciências morais consideradas enquanto tais, ele erra, por sua vez, ao atribuir as leis como objeto às ciências morais consideradas enquanto ciências, enquanto as leis, para Kelsen, são, não objetos de conhecimento, mas meios para definir esses objetos. [Nota de Campagnolo.]

3. Cfr. o *Juízo* de Kelsen, *supra*, p. 115.

montanha. Porque para mim não é assim tão evidente quanto para Kelsen que o objeto da ciência do direito seja um juízo que exprime uma lei, científica ou moral; ao contrário, partindo do axioma da unidade da ciência, parece-me indiscutível que o objeto da ciência do direito, assim como aquele de qualquer outra ciência moral, seja um objeto e não um juízo, que não pode absolutamente ser diferenciado dos objetos das ciências naturais. Por essa razão, não senti a exigência de sublinhar que as ciências da natureza estudam os fatos e não as leis, enquanto a ciência do direito estuda as leis, e não os fatos.

Em outros termos, não sublinhei essa oposição entre os objetos das ciências naturais e os objetos das ciências morais, em particular da ciência jurídica, simplesmente porque essa oposição na minha doutrina não existe.

As leis, as regras ou as normas que constituem o objeto da ciência jurídica não têm absolutamente a mesma natureza das leis com as quais a ciência exprime a existência de certas relações constantes entre os fenômenos. Que as leis jurídicas e as leis científicas não se confundam, isso pode ser visto imediatamente, se se pensa que também a ciência do direito estabelece, como todas as outras ciências, leis científicas com as quais ela mesma exprime as constantes relações entre as leis, as normas ou as regras jurídicas. Com efeito, as leis jurídicas se posicionam diante das leis científicas da mesma forma através da qual os fenômenos da natureza se posicionam diante das leis da ciência.

As leis das quais a ciência jurídica se serve para exprimir as relações constantes existentes entre os fatos jurídicos (normas) têm a mesma estrutura das leis das outras ciências, e tendem a ser formuladas com a expressão matemática: $y = f(x)$. São essas as fórmulas que metaforicamente são denominadas leis. As leis da ciência jurídica estão supra-ordenadas às leis, ou normas, ou regras jurídicas, assim como as leis das ciências naturais o estão com respeito aos fenômenos naturais. Por exemplo, tentei eu mesmo determinar a lei do desenvolvimento do direito internacional assim como um biólogo teria tentado encontrar a lei de um organismo natural, ficando evidente que não seria possível falar de desenvolvimento das leis científicas, tanto naturais, quanto morais. As leis do direito são, dessa forma, submetidas às leis científicas, o que demonstra sem dúvida que elas não têm a mesma natureza das leis científicas. Isso já foi por mim afirmado de maneira geral, ao dizer que o *Sollen* constitui a matéria do *Sein*.

É fácil compreender a razão pela qual Kelsen acredita ter descoberto um sofisma ou uma dificuldade insuperável na minha afirmação da identidade substancial entre ciências naturais e ciências morais. O autor da doutrina pura do direito, como de resto a maioria dos juristas, imagina o direito como uma proposição normativa, e precisamente como uma proposição caracterizada pelo verbo modal *sollen* ("deve ser", que corresponde a uma necessidade moral), em oposição às proposições das ciências naturais, caracterizadas pelo verbo modal *müssen* ("é obrigado a", que corresponde a uma necessidade física). Os dois verbos modais são a expressão de duas categorias *a priori* do conhecimento, que constituem respectivamente o caráter essencial das ciências morais e das ciências da natureza, as quais existem paralelamente. Demonstrei, assim, como é insustentável o dualismo gnosiológico, que é também um dualismo metafísico; em particular, demonstrei que por essa via se termina por confundir o direito com a ciência do direito.

A única via que me parece capaz de evitar esse dualismo (via que pude adotar graças à distinção entre ponto de vista universal e ponto de vista particular) é aquela da subordinação do *Sollen* ao *Sein*. O *Sollen* torna-se assim a matéria do conhecimento científico, e não um modo de conhecimento análogo e equivalente àquele das ciências da natureza.

Kelsen confunde a proposição normativa, a qual é a expressão verbal da norma, com a própria norma, sendo o *Sollen* ao mesmo tempo categoria do conhecimento e sentimento do dever jurídico. É por essa razão que esse autor consegue assemelhar as normas jurídicas às leis científicas e reprovar-me por identificar as ciências morais (que têm como objeto normas ou leis, ou seja, o dever, o *Sollen*) com as ciências naturais que, ao contrário, utilizam leis para compreender os fenômenos da natureza (o *Sein*). Uma outra razão dessa confusão é que a lei jurídica, entendida como proposição normativa, apresenta uma analogia estrutural e funcional com a lei científica. A lei jurídica indica a conduta obrigatória dos homens em circunstâncias bem determinadas de lugar e de tempo; também a lei científica indica o comportamento necessário dos corpos em circunstâncias espaço-temporais bem determinadas. Mas é examente esta analogia que revela a ilegitimidade de se confundir a norma com a proposição normativa: com efeito, a norma está para a proposição normativa assim como os fenômenos da natureza estão para as leis da natureza. Kelsen, ao contrário, contrapõe as ciências morais, que considera ciências normativas, às ciências naturais, porque as ciências morais teriam como objeto leis entendidas como expressão normativa indicativa daquilo que o homem *deve* fazer, enquanto as ciências da natureza teriam como objeto os fatos, ou seja, as coisas assim como elas são.

Para mim, essa oposição não existe; existe apenas uma única ciência e o objeto dessa ciência não é nem o Dever, nem o Ser, mas sim a experiência do indivíduo, enquanto a sua tarefa não é conhecer a realidade, mas construir o sistema universal das experiências. O Dever depende da criação individual dos valores, que não é e nem pode ser uma ciência particular. Uma ciência do Dever, ou seja, uma ciência daquilo que o homem deve fazer, é uma contradição em termos.

A lei moral (*Soll-Regel*) – entendida em sentido lato, que compreende também a lei jurídica – não pode assim ser identificada com a norma e menos ainda com a lei científica das ciências morais. A proposição normativa não é uma norma, porque pressupõe ao contrário a existência da norma da qual, para o indivíduo, deriva a obrigação expressa na própria proposição normativa; esta não é uma lei da ciência, ainda que esta última fosse qualificada como ciência moral, porque não exprime uma necessidade universal. Com efeito, esta não representa o resultado de uma pesquisa desenvolvida do ponto de vista universal com a finalidade de compreender sistematicamente as experiências; essa proposição normativa é a formulação verbal (aliás, não necessária) da conclusão de um silogismo, no qual a premissa maior é um juízo individual, e ao mesmo tempo um juízo existencial e de valor. A norma é o objeto de um juízo individual que traduz a experiência concreta do indivíduo, ou seja, que exprime uma modificação da consciência. Esta modificação implica necessariamente o sentido teleológico do objeto, que encontra sua formulação no juízo de valor. Dado o caráter transcendental da relação sujeito-objeto, o objeto de uma experiência concreta é necessariamente determinado pelo significado que ele assume para o indivíduo no ato mesmo da consciência individual. Os juízos de valor dessumem da experiência esse particular significado, experiência que não pode ser separada do objeto senão mediante um processo de abstração mental. O objeto da experiência, com efeito, existe apenas através do significado que tem para o indivíduo, porque é um elemento constitutivo da modificação da consciência do próprio indivíduo. As qualidades dos objetos não existem separadamente dos objetos, mas, em vez disso, são essenciais aos objetos mesmos, os quais existem concretamente apenas nas modificações da consciência. Os termos que as designam exprimem, portanto, também esse seu valor, porque exprimem a modificação da própria consciência. Eis por que o juízo de valor não é arbitrário, mas depende da realidade das coisas. Não obstante isso, o ser humano, graças à sua liberdade, pode separar o valor da existência mesma do objeto, e negar esse valor aos objetos. Nesse caso, contudo, o homem nega também necessariamente todo valor à sua existência e à sua pessoa (misticismo).

Notei freqüentemente que Hans Kelsen considera o dever às vezes como categoria, às vezes como norma. Uma noção intermediária, como a idéia do sentido normativo ou, mais precisamente, de sentimento da norma, facilita a confusão dos dois termos: o seu caráter um tanto vago e equívoco, que a situa, por assim dizer, entre a idéia da categoria e a idéia da norma, facilita sua identificação com ambas as idéias. Porém, o sentido normativo não é de nenhum modo a própria norma: é o sentimento que o indivíduo tem diante da norma e é o objeto, não da ciência do direito, mas da psicologia, como todos os outros sentimentos, como o amor, o ódio, a veneração etc. A realidade, por outro lado, não é o fenômeno; os fenômenos são apenas o objeto da experiência individual imediata, enquanto a realidade é o objeto de um conhecimento total do ser. Por esta razão, Kelsen atribui à ciência a tarefa de conhecer aquela realidade, e por isso ele pena tanto para compreender como eu possa afirmar que o Estado é, por natureza, objetivamente soberano e, ao mesmo tempo, que o Estado é uma ilusão. Mas essa aparente contradição explica-se facilmente, se se compreende o Estado, como eu o faço, enquanto experiência efetiva do sujeito, e se se pensa que o juízo individual que exprime tal experiência sublinha uma ilusão necessária e inevitável (ou seja, essencialmente dependente da natureza humana), ao nos colocarmos do ponto de vista universal do estudioso.

Uma prova das dificuldades insuperáveis contra as quais chocaria a minha noção de direito é vista por Kelsen na idéia de positividade contida na minha primeira definição de direito. Todavia, na sua crítica, Kelsen atribui à palavra "positividade" um sentido que não se aplica ao meu caso. Ele tem perfeitamente razão em recordar que, quando se fala de direito positivo, é em contraponto ao direito natural. Mas quando eu afirmo que o direito natural é a norma social que possui o mais alto grau de positividade, é evidente que não uso a palavra "positividade" naquele sentido: a contraposição entre o direito positivo e o direito natural não está em discussão. O significado que atribuo à expressão "o mais alto grau de positividade" resulta, na minha opinião, de modo claro, da explicação que se segue imediatamente à definição citada anteriormente e do item que trata da minha noção de sociedade política. Ao ler esse item, é possível perceber que o grau de positividade das normas sociais depende, não da sua regularidade, mas sim da generalidade da reação em que consistem as normas sociais. A norma jurídica tem o mais alto grau de positividade porque é a reação de todos os consorciados da sociedade, nenhum deles excluído, ou seja, porque representa a resultante da vontade, não de uma classe ou de um grupo de indivíduos, mas sim de todos os pertencentes à sociedade política, que é a mais vasta sociedade humana. Como disse na minha tese, o direito é a expressão da natureza social mesma dos seres humanos: o direito é a manifestação histórica da natureza social do homem. O direito, assim, corresponde à organização social mais vasta, que é também a mais forte porque tende a satisfazer as necessidades mais essenciais. Ora, parece-me que esse significado da palavra "positivo" esteja plenamente em harmonia com o significado fundamental desse termo, e que este possa ser facilmente reconhecido nas explicações que dele ofereço. Não compreendo, então, por que Kelsen pretende identificar minha noção de positividade com a de direito.

Resumo ora meu pensamento. Distingo a norma em sentido próprio da proposição normativa. Esta última tem uma estrutura análoga àquela das leis científicas porque exprime uma relação moralmente constante entre dois termos, assim como a lei científica exprime uma reação necessariamente constante entre dois termos. A expressão "lei científica" é uma expressão figurada, enquanto a noção primogênita é a de lei moral; é da analogia que existe entre o posicionamento prático do indivíduo com relação à norma e o comportamento de um objeto em presença de um outro objeto que o estudioso introduz na exposição científica o termo "lei". Todavia, a natureza dessas duas espécies de leis é essencialmente diversa; umas, as leis morais, são a expressão de um juízo individual; outras, as leis científicas, correspondem a um juízo universal. Contrariamente ao que faz a doutrina pura do direito, não posso considerá-las no mesmo plano, como traduções de um conhecimento científico. Com efeito, as primeiras representam um instrumento do conhecimento individual dirigido a um fim prático, enquanto as outras são um instrumento do conhecimento universal usado para facilitar a construção do sistema de todas as experiências.

A mesma analogia estrutural entre leis morais e leis científicas, justificando a identidade do termo para designá-las, permite dar-se conta da falta de fundamento da crítica a mim dirigida por Kelsen do ponto de vista da doutrina pura do direito. Assim como a lei científica não é objeto da ciência, mas sim o instrumento para alcançar esse objeto, da mesma forma a lei moral não deve ser considerada como objeto da ciência moral, mas sim como uma noção dessa ciência. O objeto das ciências morais é, com efeito, a norma, a regra ou a lei (este último termo entendido no sentido de norma), assim como o objeto das ciências naturais é um fenômeno da natureza, um *datum* da experiência. É a conclusão à qual deveria logicamente chegar a doutrina pura do direito.

Uma vez que a minha concepção da unidade da ciência não admite o paralelismo entre as ciências morais e as ciências naturais, o significado de lei moral é totalmente diverso daquele de lei científica[4]. A lei moral exprime, ou melhor, torna explícito um juízo individual, enquanto a lei científica é essencialmente universal. Isso torna possível uma relação entre as duas leis, consistente precisamente na relação entre a ordem da experiência imediata e a ordem da reflexão científica. A lei moral, de fato, exprime uma modificação particular da consciência do indivíduo e, como tal, constitui a matéria da ciência. A lei moral traduz a relação entre sujeito e objeto do ponto de vista do sujeito mesmo, e deverá ser qualificada como lei jurídica quando o objeto dessa relação for a reação da sociedade política, porque a reação da sociedade política aparece necessariamente ao indivíduo como o direito, o *jus* por excelência, isto é, como a norma cuja observância lhe permitirá atingir o seu fim essencial. A norma considerada em sentido próprio é o objeto da experiência que se traduz em juízo de valor e, depois, em proposição normativa, assim como um certo instrumento em madeira, ou em ferro, ou em marfim, chamado *norma* em latim e *esquadro* em português, é o objeto de uma percepção sensível, a não ser confundida com o preceito que prescreve ser necessário, para individuar um ângulo reto, usar o esquadro. Uma norma é sempre uma entidade real considerada, não em abstrato, mas em relação ao significado que adquira para o sujeito: isto vale para a *norma geométrica* e para a *norma jurídica*. Todos os objetos contidos na experiência concreta do homem assumem, de fato, um significado particular em relação ao fim do próprio homem e, como conseqüência, representam sempre nor-

---

4. De resto, o próprio Kelsen, confundindo a lei moral com a norma, subordina a lei moral enquanto norma à lei moral enquanto proposição científica. [Nota de Campagnolo.]

mas, ainda que a proposição normativa não seja enunciada (assim, expliquei que a norma jurídica se distingue dos outros objetos, ou seja, das outras forças, somente por alguns caracteres específicos empiricamente determinados e que, desse modo, pode-se resolver o dualismo tradicional entre direito e força, porque a norma jurídica é apenas um ato de força da sociedade política, suficientemente previsível graças à sua regularidade).

A ciência jurídica tem a tarefa de estudar a reação da sociedade política enquanto considerada como direito pelo indivíduo, ou seja, enquanto se configure para o sujeito como modificação concreta da sua consciência. A ciência política, analisando a estrutura da reação da sociedade política, deve determinar com precisão as razões pelas quais o indivíduo as valoriza como direito; esta última deverá, assim, definir os aspectos considerados essenciais da experiência jurídica. Assim como a ciência botânica estuda os objetos que o indivíduo chama "plantas", e tenta determinar suas características específicas, seus órgãos e suas funções, também a ciência jurídica examina os objetos que o indivíduo chama "direito" e tenta definir *sub specie universalis* a natureza e a estrutura desses objetos. É através desse estudo que a ciência jurídica chega a estabelecer que aquilo que se chama direito do ponto de vista particular é a reação da sociedade política por excelência.

Kelsen termina sua crítica de minha noção de direito afirmando não se poder seriamente negar a existência de idéias que tenham por conteúdo normas em contraste com o ordenamento jurídico estatal. Não nego absolutamente a existência dessas idéias, na medida em que estas sejam concebidas como construções ideais do espírito, mas contesto que tais idéias tenham como conteúdo normas efetivas que estariam em contraste com o Estado: estas últimas são, na minha opinião, logicamente impossíveis porque nada mais são do que violações do direito.

2. O conceito de Estado

Kelsen não reconhece o caráter de definição conceitual (*Begriffsbestimmung*), ou seja, de noção científica, à minha definição de sociedade política, na qual, ao contrário, vê uma "típica ideologia do Estado", "uma tentativa [...] de *justificar* a existência do Estado definindo-o como a organização que garante a harmonia dos interesses de todos os seus membros"[5].

Já foi várias vezes demonstrado, diz em síntese, que entre os vários Estados historicamente existentes não há harmonia de interesses; a minha definição, ao contrário, pressupõe a existência dessa harmonia. Com efeito, na sua opinião, eu teria afirmado: 1. que cada membro da sociedade política não pode atingir sua finalidade historicamente essencial se também os outros não atingirem as próprias finalidades; 2. que a sociedade política é a mais vasta sociedade humana e compreende todas as outras sociedades que visam um escopo compatível com o seu e que não poderiam existir senão sobre essa base; 3. que as outras sociedades são fatos acidentais que surgem no interior da sociedade política; 4. que não pode existir nenhuma norma em contradição com o Estado; 5. que o Estado é por natureza absoluto etc. Minha noção de sociedade política seria assim claramente uma ideologia.

Na minha opinião, Kelsen confunde a harmonia de interesses, isto é, a unidade do fim social historicamente estabelecido, com o acordo consciente das intenções ou das aspirações particulares dos membros da sociedade política, acordo que deveria manifestar-se em cada um desses membros com uma plena satisfação ou felicidade espiritual. Decerto que esse acordo freqüentemente não existe e que, ao contrário, em geral encontram-se conflitos e rivalidades entre os indivíduos e entre as classes. Esses conflitos e rivalidades, porém, não implicam necessariamente a negação da unidade do fim nacional, consistente na manutenção e no desenvolvimento da sociedade política, que é o resultado das atividades concretas dos membros da própria sociedade. Esse resultado, entretanto, não coincide quase nunca com o fim particular dos indivíduos que constituem a sociedade, e é por isso que se pode sempre falar de antagonismo entre o indivíduo e o Estado. Da constatação que en-

---

5. Cfr. o *Juízo* de Kelsen, *supra*, pp. 118-9.

tre os indivíduos exista freqüentemente ódio e antagonismo, em lugar de amor e acordo, Hobbes, como já recordei na minha tese, deduziu que os homens não são sociais por natureza. Eu, todavia, demonstrei que, partindo desse princípio, para o filósofo não era mais possível justificar a existência da sociedade e que, melhor dizendo, tornava-se impossível o conceito mesmo de sociedade. As afirmações de Kelsen deveriam conduzir também esse autor a negar a existência de qualquer sociedade, ou ao menos da sociedade política, uma vez que ele se refere especialmente a esta para negar a harmonia dos interesses entre os seres humanos. Com efeito, a harmonia de interesses entre os membros de uma sociedade, ou seja, a unidade do fim social destes, não é uma ideologia, como crê e afirma Kelsen, mas sim a essência mesma da idéia de sociedade. Colocando-se numa perspectiva histórica, Kelsen pretendia talvez afirmar e demonstrar que no mundo não existe uma tal unidade de fins ou uma semelhante harmonia de interesses entre os súditos do Estado; mas então sua afirmação teria sido equivalente a dizer que não existe a sociedade política, ou seja, o Estado. Todavia, preciso sublinhar que essa afirmação teria apenas um significado histórico: o conceito de sociedade política disso não sairia modificado, continuando a incluir, como elemento essencial, e nota indispensável do seu conteúdo, a unidade do fim dos indivíduos associados. Kelsen entretanto reconhece a existência dos Estados, estando dessa forma logicamente constrangido a reconhecer que para os súditos de cada Estado exista uma unidade de fins, ou seja, uma harmonia de interesses.

 Kelsen me reprova ainda por eu não ter me esforçado para demonstrar que minha afirmação da unidade do fim social seja algo mais do que uma pura ficção política. Considero essa crítica injustificada. Eu não precisava absolutamente demonstrar a real existência dessa harmonia numa certa época e num certo lugar: sendo puramente teórica, minha tarefa consistia em definir cientificamente o termo "sociedade", o qual, como vimos, implica necessariamente a idéia de unidade do fim. Se eventualmente não me esforcei para demonstrar a existência de uma sociedade política particular, quis, em vez disso, explicar aquilo que entendia por unidade de fim e resolver os conflitos das vontades particulares dos consorciados para demonstrar que estas não estavam necessariamente em contradição com o fim, assim como eu pensava.

Unicamente essa era minha tarefa de teórico, e foi o que fiz, definindo a noção de fim social e da área das liberdades. Kelsen descuidou-se ao não prestar suficiente atenção às minhas explicações a esse respeito, porque de outra forma teria podido dar-se conta de que a unidade do fim, assim como a concebo, é necessária não apenas logicamente, mas, com maior razão, é uma realidade histórica. Efetivamente, é graças a essa unidade que o historiador distingue a história de Roma daquela da Grécia; a história da Inglaterra daquela da França; da Itália; da Alemanha, etc. Roma, Grécia, Inglaterra, França, Itália e Alemanha são realidades que podem ser compreendidas graças à unidade do fim à qual nos referimos. Negar a unidade do fim da sociedade política, porque no interior dessa sociedade existem conflitos entre os consorciados, seria como negar a existência dos organismos naturais, porque nestes últimos existem elementos que podem desenvolver-se somente em detrimento de outros; porque o organismo é sujeito ao sofrimento e à doença; porque, em resumo, no interior do organismo se trava uma luta entre os elementos que o constituem. Porém, malgrado as lutas interiores, a existência e a vitalidade dos organismos é indiscutível. O organismo resiste a essas lutas e às vezes essas mesmas lutas é que são úteis ao seu desenvolvimento. Com efeito, nem sempre essas lutas estão em conflito como fim do organismo, sendo-lhe mesmo às vezes favoráveis. Em todo caso, até quando tais lutas não matem o organismo, deve-se logicamente supor que as forças que tendem à realização do fim do organismo sejam mais fortes do que aquelas tendentes à sua desintegração, o que equivale a dizer que o resultado de todas as forças do organismo é positivo em relação à finalidade do organismo. No que se refere à sociedade política, isso equivale dizer que a resultante das forças sociais é positiva em relação ao fim da sociedade idealmente imaginada. Assim, por exemplo, Durkheim demonstra que o próprio crime é um fato normal da vida social e que, dessa forma, não está absolutamente em contraste com a existência da sociedade.

Em suma, negar a existência da unidade do fim social significa negar a existência da própria sociedade; admitir, em vez disso, a existência dessa sociedade significa admitir a existência do fim social, porque a idéia de unidade do fim ou da harmonia de interesses, para os consorciados, é essencial à idéia da sociedade mesma. E eu não vejo nenhuma ideologia nessa concepção puramente lógica da sociedade.

Não compreendo nem mesmo por que Hans Kelsen considere poder deduzir da minha definição de sociedade política a afirmação de que não possa existir senão uma única sociedade política. Se Kelsen pretende dizer que eu não admito que um mesmo indivíduo possa pertencer ao mesmo tempo a duas ou mais sociedades políticas, a sua conclusão é exata e corresponde totalmente ao meu pensamento; mas se, ao contrário, ele pretende dizer que, na minha opinião, possa existir apenas uma única sociedade política (não relativamente aos seus membros, mas de maneira absoluta), então uma semelhante conclusão não está conforme minha teoria, e não é nem mesmo um corolário necessário da minha noção de sociedade política. Que essa segunda idéia não corresponda à minha teoria está provado pela minha afirmação da possibilidade e da existência de mais Estados, pois que eu sustento a possibilidade e a existência do direito internacional. Uma vez que Kelsen não me expõe especificamente os argumentos que eu deveria contestar, remeto a toda a minha tese para demonstrar que tal idéia não deriva dos meus postulados.

Kelsen afirma que das minhas declarações não resulta que a *absorção* por parte do Estado de outras sociedades se efetue apenas para as sociedades não estatais. Eu creio, ao contrário, ter sido muito explícito sobre esse ponto, ao afirmar que a sociedade política é a sociedade humana mais vasta, compreensiva de todas as outras sociedades que visam um fim compatível com o seu. Por essa razão, pude afirmar a possibilidade de uma pluralidade de sociedades políticas independentes.

Kelsen declara não compreender de que modo os Estados, "em razão de seu fim supremo particular, podem excluir-se uns aos outros". A explicação desse problema é muito simples e deriva logicamente dos conceitos de direito e de sociedade política. A sociedade política, cujas reações constituem para o sujeito o ordenamento jurídico, é a sociedade mais vasta. Por isso, se se pudesse admitir uma harmonia de fins entre as diversas sociedades políticas, estas formariam uma sociedade mais vasta do que qualquer sociedade política particular; mas isso está em evidente contradição com a minha noção de sociedade política. Desse modo, ao admitir a possibilidade de uma harmonia de interesses, ou seja, de uma unidade suprema do fim entre os diferentes Estados, na minha opinião Kelsen é logicamente levado a afirmar a existência de um Estado universal, do qual os Estados, assim definidos segundo a tradição corrente, podem ser concebidos somente como províncias. Kelsen tende, com efeito, a admitir uma harmonia internacional, mas depois me acusa de fazer ideologia quando pressuponho a unidade do fim dentro do Estado. Parece-me porém indiscutível que seria exatamente a sua concepção do direito internacional que poderia ser contaminada pela ideologia, em vez do meu conceito do Estado, porque certamente é mais difícil admitir uma harmonia de interesses entre os vários Estados do que admitir uma harmonia de interesses entre os cidadãos de um mesmo Estado. Ademais, se fosse possível admitir a existência de uma harmonia universal de interesses, a harmonia nacional de interesses ali não estaria necessariamente incluída? Mas não creio ser necessário insistir para estabelecer de qual lado se encontre a ideologia. Em resumo, afirmo que a idéia do antagonismo entre os vários Estados deriva logicamente do conceito mesmo de Estado, porque seria impossível imaginar uma harmonia de fins entre os Estados sem admitir que os Estados formem uma sociedade mais vasta, a qual seria, esta sim, o verdadeiro Estado. A possibilidade lógica de um Estado mundial não está com isso excluída, mas está excluída a possibilidade lógica da coexistência de mais Estados reunidos sob um único regime correspondente a um fim superior, porque nesse caso o verdadeiro Estado seria a sociedade dos Estados.

  Kelsen encontra a confirmação do caráter ideológico da minha concepção na argumentação segundo a qual o fato de que o Estado *possa* exigir dos seus súditos o sacrifício da vida provaria o caráter essencial, para os seus membros, do fim que este Estado representa. Segundo meu crítico, do fato de que o Estado exija dos seus súditos o sacrifício da vida não se pode deduzir que o fim do Estado seja necessário, mas, em vez disso, que o Estado tem o direito (ou seja, é autorizado) a pedir esse sacrifício, coisa problemática e cientificamente indemonstrável. Mas eu, ao contrário, pretendo que isto possa e deva ser cientificamente provado. Se os membros da sociedade política consideram normal que, em certas ocasiões, esta sociedade requeira o sacrifício deles mesmos, isto demonstra que, exatamente do ponto de vista do súdito, tal sacrifício é para o indivíduo a expressão do valor supremo. Não digo que o Estado tenha o direito de pedir aos seus súditos o sacrifício da vida, como se esse direito lhe derivasse de uma autoridade superior, absoluta e universal. Isso ocorreria se, por exemplo, a razão científica tomasse como ponto de partida o caráter essencial do fim do Estado para o indivíduo, com a finalidade de poder disso deduzir o direito do Estado de pedir ao indivíduo o sacrifício da vida. Eu afirmo que o Estado tem a possibilidade, a faculdade essencial de pedir aos seus súditos o sacrifício da vida, no sentido de que isso entraria nas suas atribuições essenciais; outrossim, daí deduzo que essa possibilidade essencial do Estado corresponda à necessidade essencial do indivíduo de ser membro de um Estado. Enfim, não digo que o Estado seja necessário de modo absoluto, mas sim que é relativamente necessário aos seres humanos, aos indivíduos.

A identificação realizada por Kelsen entre os meus conceitos de sociedade política, de direito e de Estado é, pelo modo como a realiza, um sofisma, uma *chicane* terminológica. É de fato legítimo identificar esses três termos somente se se considera cada um sob um determinado ponto de vista, assim como eu o faço explicitamente. A sociedade política se identifica com o Estado quando é considerada, não na sua totalidade, sob o ponto de vista do estudioso, mas sim sob o ponto de vista de um de seus membros e com relação a esse último. O Estado se identifica com o direito quando se considera o direito como o conjunto orgânico ou sistêmico de todas as normas, ou seja, de todas as reações do Estado, e não como uma norma particular. Estabelecida a identidade destes três termos, não é um sofisma dizer que seja direito a reação da sociedade política contra uma ação dos seus membros; ou a sociedade política mesma diante dos seus membros, entendendo aqui sociedade política como direito em potência e o direito, como ato da sociedade política.

Kelsen afirma, ademais, que eu adoto uma posição própria da doutrina pura do direito quando identifico o Estado com um ordenamento jurídico; mas que, contrariamente à doutrina pura do direito, não admito ao lado ou acima do ordenamento jurídico estatal a existência de outros ordenamentos jurídicos estatais, em particular, do ordenamento jurídico internacional. Segundo Kelsen, estou errado em limitar a noção do direito somente ao direito estatal sem preocupar-me em examinar se as reações de um Estado contra outro Estado, prescritas pelo direito internacional, podem ser compreendidas também como direito. Kelsen demonstra dessa forma não perceber que o ordenamento jurídico, com o qual eu identifico o Estado, não é um conjunto de proposições normativas, como para a doutrina pura do direito, mas sim um organismo real e tangível, constituído a partir da sociedade política, ou seja, da sociedade humana mais vasta considerada em relação a cada um de seus membros. Se é possível admitir que – ao lado de um conjunto de proposições normativas chamadas arbitrariamente de Estado – existe um outro conjunto de proposições igualmente normativas, também estas arbitrariamente chamadas direito internacional, e se é possível supor que esses dois ordenamentos normativos se encontrem numa relação hierárquica, a situação é bem diversa quando se trata do Estado entendido no modo por mim definido. Demonstrei, todavia, que, do ponto de vista puramente abstrato da doutrina pura do direito, não é possível salvaguardar o caráter específico do direito internacional e do direito estatal e que, em última análise, a doutrina pura do direito é logicamente levada a resolver os vários ordenamentos estatais e o ordenamento jurídico internacional num só ordenamento jurídico, ou seja, num só Estado. Com efeito, a distinção entre o direito estatal e o direito internacional se fundamenta num sofisma, isto é, na noção de obrigação mediata, que é própria do direito internacional, e naquela de obrigação imediata, que é própria do direito estatal; mas essa distinção, como vimos, já pressupõe aquela noção específica do direito estatal que, contrariamente, deveria justificar.

Do ponto de vista da minha concepção do direito, um direito internacional superior ao Estado é absolutamente impossível e a questão de uma hierarquia dos ordenamentos jurídicos específicos parece absurda porque, segundo a minha noção de Estado e de direito, o direito é a reação da sociedade humana mais vasta e, por isso, é impossível imaginar que duas sociedades qualificadas desse modo existam contemporaneamente. Um direito superior ao Estado é para mim uma contradição em termos. Se os Estados fossem incluídos num sistema jurídico mais vasto, o Estado seria esse sistema mesmo e, em relação a esse, os assim chamados Estados seriam apenas províncias. Conseqüentemente, não examino a questão de que as reações de um Estado contra outro possam ser consideradas como direito, porque a questão é para mim logicamente inadmissível. Segundo minha concepção, é absolutamente inadmissível que as reações de um Estado contra os cidadãos de um outro Estado possam ser consideradas como direito. Para que essas reações pudessem ser consideradas jurídicas, seria preciso admitir que os cidadãos desse último Estado fossem, ao mesmo tempo, cidadãos do primeiro Estado; mas, neste caso, os dois Estados formariam evidentemente um único Estado. Um indivíduo não pode estar contemporaneamente sujeito a dois ordenamentos jurídicos.

Penso ter demonstrado suficientemente que a crítica que sobre mim recai, de limitar arbitrariamente (e sem justificação fundada no material empírico) a noção de direito àquela de direito estatal, é completamente despida de fundamento, ou melhor, que se fundamenta numa inadequada interpretação do meu pensamento. Se limito a noção de direito ao direito estatal, é simplesmente porque admitir um direito externo e superior ao direito estatal está em contradição com a minha própria noção de direito.

3. O conceito de soberania

Kelsen vê uma "certa contradição" (*ein gewisser Widerspruch*)[6] na minha afirmação segundo a qual a soberania do Estado consiste na sua autoridade absoluta sobre seus súditos, ou seja, que essa autoridade representa para o súdito a verdadeira onipotência. "Uma autoridade não pode ser absoluta – afirma o meu crítico –, se o é apenas com respeito a certos sujeitos", "nem se pode falar de '*onipotência*' se o poder do Estado se limita apenas aos próprios súditos, sem estender-se aos súditos de outro Estado"; "esta noção de soberania pressupõe claramente a unicidade do Estado."[7]

Pode-se facilmente notar que Hans Kelsen é levado a ver uma contradição no meu conceito de soberania porque entende o Estado como um indivíduo que existe em si mesmo e para si mesmo, constituindo-se no objeto imediato de contemplação do estudioso que tenta compreendê-lo e defini-lo. Ao contrário, o Estado, assim como eu o entendo, é um objeto da experiência que existe apenas na experiência, ou seja, na sua relação com o sujeito, na qual adquire seu significado concreto e na qual a ciência deve estudá-lo para determinar o seu significado. Para Kelsen, o termo "objetivo" significa científico; ele não pensa de modo algum na outra objetividade, aquela do objeto da experiência imediata do indivíduo. Quando afirmo a objetividade ou a realidade da soberania, pretendo simplesmente dizer que a soberania é o objeto de uma efetiva experiência humana. Minha definição de soberania é a definição do objeto considerado nessa experiência do homem, e não de um objeto existente no seu exterior, em si mesmo e por si mesmo "cientificamente objetivo".

O mesmo raciocínio vale igualmente para todas as outras noções essencialmente conexas com a de soberania e, assim, em particular, para as noções de direito e de Estado.

---

6. Cfr. o *Juízo* de Kelsen, *supra*, pp. 121-2.
7. Cfr. o *Juízo* de Kelsen, *supra*, pp. 121-2.

Afirmei e demonstrei que todo esforço realizado pela ciência para definir essas noções (consideradas correspondentes à realidade objetiva no sentido de que são cientificamente objetivas) chega somente a resultados contraditórios e que, nesse sentido, não existe nem soberania, nem Estado, nem direito. (Kelsen errou, diga-se de passagem, ao não ter levado em conta os resultados de minhas pesquisas e ter seguido uma ordem que não é a ordem lógica das idéias, mas sim a ordem psicológica da pesquisa e da exposição. É por isso que lhe acontece por vezes de precisar reconhecer que sua crítica da minha tratativa vale somente até certo ponto, abstração feita das explicações seguintes.)

Tendo reconhecido que uma doutrina que afirmasse a existência da soberania "cientificamente objetiva" deveria necessariamente levar a conceitos contraditórios, não posso evidentemente atribuir à ciência a tarefa de descobrir a soberania na sociedade política considerada em si mesma e de modo absoluto. De fato, segundo minha concepção, a soberania não é um elemento da sociedade política considerado sob o ponto de vista científico; tal soberania é o termo que designa a específica relação de autoridade que se estabelece entre o direito (ou o Estado) e o indivíduo enquanto seu súdito. Essa relação é indiscutivelmente real: neste sentido, tal relação pode ser qualificada como objetiva, e o termo que a designa tem assim um conteúdo efetivo. A tarefa da ciência consiste, então, em estabelecer esse conteúdo, considerando-o do ponto de vista universal, ou seja, colocando-o em relação com o conteúdo de todos os outros termos, ou seja, de todas as outras experiências.

Kelsen afirma que eu confundo a consciência do sujeito *que conhece* com a consciência dos seres humanos, os quais, enquanto súditos do Estado, são objeto do conhecimento, porque afirmo que a soberania do direito deve ser procurada e conhecida na consciência dos seres humanos. Assim fazendo, eu confundiria o conceito científico de soberania com as opiniões subjetivas de quem é sujeito ao direito; cometeria o erro de identificar o fato psíquico segundo o qual os seres humanos têm uma determinada idéia da soberania com o conteúdo verdadeiro, ou seja, real, dessa idéia.

Kelsen parece assim admitir implicitamente que se deva distinguir o ponto de vista do estudioso (*das Bewusstsein des erkennenden Subjekts*) do ponto de vista do sujeito de direito. Ele porém descobre uma contradição entre as duas seguintes afirmações: que a soberania é um fato real da consciência de quem está sujeito ao Estado e que a ciência admite a existência de uma pluralidade de Estados. Se "soberania significa onipotência – afirma – pode existir apenas um único Estado"[8]; se, em vez disso, "coexiste uma pluralidade de Estados, ao menos como possibilidade, como se pode então afirmar do ponto de vista da ciência que o Estado é soberano?"[9]. Efetivamente, segundo Kelsen, eu teria afirmado que o Estado é soberano do ponto de vista da ciência; minha explícita declaração de que a soberania é uma ilusão, ainda que necessária, do indivíduo enquanto súdito do Estado parece irrelevante ao meu crítico, o qual assere que existe uma contradição lógica quando se afirma que o Estado *é* soberano e único e que, ao mesmo tempo, o Estado *não o é*, "ainda que as duas afirmações sejam atribuídas a dois diversos sujeitos: a um súdito do Estado e a um homem de ciência"[10]. Todavia, para que exista contradição, é regra fundamental da lógica que o predicado contraditório seja atribuído ao próprio sujeito, não apenas no mesmo tempo, mas também sob o mesmo aspecto. Assim, não existe nenhuma contradição em afirmar, por exemplo, que o mal existe *sub specie particularis* e que não existe *sub specie universalis*. Esta contradição não existiria também se as duas afirmações proviessem, ambas, de um filósofo: em outras palavras, não cairia em contradição o filósofo que afirmasse contemporaneamente a existência e a não-existência do mal, respectivamente colocando-se sob o ponto de vista particular e sob o ponto de vista universal. Kelsen se maravilha com o fato de, após ter declarado ilusória a idéia de direito contida na experiência do membro da sociedade política, eu afirme não poder separar o conceito de sobe-

---

8. Cfr. o *Juízo* de Kelsen, *supra*, pp. 124.
9. Mais do que uma citação, é uma paráfrase do texto kelseniano: cfr. o *Juízo* de Kelsen, *supra* pp. 123-4.
10. Cfr. o *Juízo* de Kelsen, *supra*, p. 126.

rania do conceito de direito e de Estado. Dei uma resposta muito precisa a esta objeção: afirmei não ser possível separar o conceito de soberania do conceito de direito e de Estado porque o conceito de soberania é essencial àquele de direito e àquele de Estado. O membro da sociedade política julga como direito ou Estado a reação dessa sociedade pelas mesmas razões (e ao mesmo tempo) pela qual a julga soberana. Para a ciência, é necessário reconhecer ao Estado e ao direito o atributo da soberania, porque esse atributo está essencialmente contido na idéia mesma de Estado e de direito. Mas isso não impediria reconhecer e afirmar ao mesmo tempo que a experiência jurídica seja radicalmente viciada por uma ilusão devida à natureza mesma do ser humano.

Experimentemos observar mais de perto a crítica de Kelsen, da qual não é fácil perceber o ponto principal. "A realidade da experiência" – escreve nosso autor –, ou melhor, o fato de que o súdito viva de um certo modo o Estado e que dele dessuma efetivamente uma certa idéia sobre sua natureza, não diz realmente nada sobre o valor de verdade ou sobre o conteúdo de realidade desta idéia: será preciso esperar que o conhecimento científico, o único a poder dizer a última palavra sobre a verdade e sobre a realidade, seja capaz de verificar o conteúdo desta idéia."[11] "Um doente mental que acredite ser o imperador da Europa [...] não pode induzir a ciência psiquiátrica a considerar efetivamente aquele doente como imperador da Europa."[12]

Mais uma vez, repito: nunca afirmei que a ciência considera a reação da sociedade política como possuidora "efetivamente", ou seja, do ponto de vista universal, do mesmo significado que os consorciados a ela atribuem quando a designam com os termos "direito" ou "Estado". Ao contrário, afirmei explicitamente a natureza ilusória da experiência do membro da sociedade política, ou seja, afirmei aquilo que Kelsen a mim reprova de não ter afirmado, isto é, "a idéia de uma soberania do Estado é uma ilusão insustentável diante do foro da ciência"[13].

---

11. Cfr. o *Juízo* de Kelsen, *supra*, p. 127.
12. Cfr. o *Juízo* de Kelsen, *supra*, p. 128.
13. Cfr. o *Juízo* de Kelsen, *supra*, pp. 127-8.

Segundo Kelsen, quando reconheço o caráter ilusório da experiência estatal e afirmo consistir a prova concreta da efetividade da soberania do Estado no fato de que o Estado possa pedir aos seus súditos o sacrifício da vida, ali cometo o mesmo erro de quem sustentasse que um físico não poderia negar que um bastão imerso na água se quebre, uma vez que não poderia negar que o ser humano tem efetivamente esta impressão. A mim parece que Kelsen esteja vendo meu posicionamento do modo que ora ilustrarei. Ele crê que eu atribua ao Estado o direito, cientificamente fundamentado na ilusão estatal, de pedir aos seus súditos o sacrifício da sua vida; a conseqüência dessa tese é que eu seria logicamente obrigado a admitir que aquilo que se manifesta na experiência particular é também uma verdade científica. O meu pensamento é, porém, diverso. Eu não digo que o Estado tem o direito, fundado na soberania, de pretender o sacrifício da vida aos seus cidadãos. Digo que se o Estado *pode* pedir aos cidadãos para sacrificarem suas vidas (ou seja, que os cidadãos podem ser levados a executar, e que diante de certas circunstâncias efetivamente executem, este sacrifício), isso prova que o ser humano, do ponto de vista individual, reconhece por sua natureza o Estado como soberano. A analogia entre a experiência do Estado e a experiência do bastão quebrado é, dessa forma, a seguinte: assim como o físico não pode nem negar, nem impedir, que o indivíduo perceba como quebrado o bastão imerso na água, o cientista do direito também não pode impedir que o indivíduo considere soberana a reação da sociedade política. Todavia, essa analogia não pode ser levada além de um certo limite, porque as duas ilusões são de natureza diversa. À diferença da ilusão jurídica, a ilusão ótica, se bem que inevitável, não é necessária à atividade humana. Desta forma, o indivíduo, com a sua reflexão e com base na sua educação, pode e deve fazer com que seja corrigida a ilusão ótica, na medida em que somente pode agir admitindo aquela realidade da soberania do Estado que, do ponto de vista da ciência, parece uma ilusão. Afirmei, com efeito, que, sendo livre, o ser humano pode aceitar ou recusar a sociedade política; mas acrescentei ainda que, se quisesse recusá-la, sua vida individual tornar-se-ia impossível, e até mesmo absurda, no sentido mais absoluto do termo, porque nenhuma ação poderia ser justificada logicamente. De fato, a ilusão jurídica ou estatal não diz respeito a um órgão especial do indivíduo, mas depende da sua natureza global, ou seja, da sua natureza social. O ser humano, enquanto indivíduo, pode viver em sociedades diversas, mas não pode viver fora de nenhuma sociedade. Ele deve pertencer a uma sociedade.

Ora, a sociedade à qual ele pertence a ele parecerá sempre soberana, ou seja, poder-se-á explicar sua atividade somente admitindo que essa sociedade é para ele soberana. A ciência, assim, é levada a admitir que o Estado, ou o direito, seja uma ilusão essencial e necessária para o ser humano e que a soberania seja a característica específica dessa experiência, ou seja, que na experiência estatal esteja essencialmente incluída a idéia da soberania, a qual não existiria para além dessa experiência. A psiquiatria dirá de modo análogo que certas idéias e certos posicionamentos estão essencialmente incluídos na mente de quem se considere imperador da Europa. E assim como a psiquiatria procurará determinar o conteúdo e as causas da mania daquele que se considera imperador da Europa, a ciência do direito estabelecerá o conteúdo e as razões da experiência jurídica. A afirmação científica da inerência essencial da idéia de soberania à experiência jurídica não está de modo algum em contradição com a afirmação do caráter ilusório da experiência jurídica, assim como a psiquiatria não se contradiria ao afirmar que aquilo que está sobre a cabeça do doente é, para o doente, necessariamente uma coroa, porquanto, segundo a realidade científica, trate-se de um gorro. O doente considerará o gorro como uma coroa imperial enquanto estiver doente; fazê-lo agir e pensar diversamente significa fazer desaparecer sua doença, destruir sua natureza de doente. Do mesmo modo, para que o indivíduo desistisse de admitir a existência do direito e do Estado e, assim, sua soberania, seria preciso que o ser humano superasse sua natureza humana e se tornasse, por exemplo, um deus.

Todavia, mais uma vez a analogia não pode ir além de um certo limite, porque se a ciência conhece a dupla experiência do gorro e da coroa, a idéia de Estado (ou de direito) é única, e ao lado do Estado ilusório não existe um verdadeiro Estado, ou mais simplesmente, a possibilidade lógica de um Estado verdadeiro. O Estado, caracterizado pela idéia da soberania, existe apenas como conteúdo da experiência jurídica do sujeito. Se por isso a ciência quisesse ensinar aos homens a considerar o Estado excluindo seu caráter de soberania, a idéia de Estado desapareceria completamente e a vida social tornar-se-ia impossível. O Estado é o significado concreto que a reação social assume para o indivíduo. A negação desse significado, fundada na consideração de que esta não corresponde à reação social considerada do ponto de vista universal, não comportaria apenas a destruição da soberania estatal, mas ainda a negação (supressão ou desaparecimento) da sociedade política mesma, porque esta última é apenas o resultado da natureza social do homem enquanto indivíduo agente. Assim como a tarefa da ciência psicológica não consiste em definir quem seja o verdadeiro imperador da Europa (que, no máximo, não existe), mas sim estabelecer o sentido particular que assume essa idéia no doente e compará-la com outras experiências para daí deduzir o seu caráter ilusório, do mesmo modo, a ciência jurídica não deve definir o conceito de direito verdadeiro, ou seja, do direito que não seja objeto da ilusão individual, mas sim determinar os caracteres, as razões e o significado da ilusão estatal ou jurídica, colocando-a no plano universal.

Com a sua crítica, Kelsen não quer, porém, apenas demonstrar a falsidade da teoria que me atribui. Ele não pede somente para declarar a natureza ilusória da soberania, mas pretende ainda que eu negue a soberania enquanto experiência individual necessária. Kelsen não se esforça minimamente para compreender por qual razão eu sustento que o indivíduo seja obrigado a considerar a reação social como uma reação jurídica e estatal e, como conseqüência, soberana; esse juízo individual parece não ter para ele nenhuma importância e, pois que eu mesmo declaro que um semelhante juízo está viciado por uma ilusão, exige que eu sem dúvida negue a este último todo e qualquer sentido, e até mesmo a sua existência.

Efetivamente, Kelsen procura demonstrar a inexistência da experiência estatal e jurídica com argumentos lógicos e com argumentos práticos. No que se refere à lógica, identifica na minha concepção uma incoerência que comportaria a negação de um elemento específico e característico da experiência jurídica assim como eu a entendo, ou seja, a negação da soberania dos Estados. Kelsen me reprova por não ter nem mesmo enfrentado a questão posta pela idéia de que o sujeito possa ter um conhecimento da essência do Estado absolutamente diferente daquele do conhecimento científico, e até mesmo incompatível com este último. Essa crítica é, todavia, injustificada. Expliquei longamente minha concepção que contrapõe o ponto de vista individual da ação, que pressupõe um fim, a um ponto de vista universal da especulação científica, que não pode admitir nenhum fim e que, dessa forma, é levado a conceber como ilusória a própria ação.

Por isso, falei de antinomia entre o ponto de vista do sujeito e o ponto de vista do estudioso, antinomia que não implica absolutamente, como considera Kelsen, uma contradição entre as duas concepções do Estado e com relação às quais ele me acusa de incoerência. A antinomia está no fato de que, segundo as leis essenciais da lógica, a ciência pode construir somente admitindo que as experiências particulares – que constituem a sua matéria e o objeto da minha sistematização, isto é, os juízos individuais – sejam radicalmente viciadas por uma ilusão derivada da necessidade de admitir um fim da ação. Ao mesmo tempo, demonstrei que dessa antinomia não deriva uma contradição entre os juízos individuais e as proposições científicas, porque as duas ordens de proposições não são equivalentes, colocando-se, em vez disso, em planos diversos; ademais, demonstrei que os juízos individuais são a matéria das operações científicas. Ao colocar-se também no interior da experiência jurídica (estatal), ou seja, adotando o ponto de vista particular, Kelsen, entretanto, nega a soberania como elemento essencial dessa experiência. Segundo meu crítico, *em geral* os fatos demonstram que quem é sujeito ao direito não atribui ao Estado a soberania e a onipotência. Os soldados às vezes desertam com sucesso, o contribuinte frauda as obrigações tributárias, o cidadão perseguido pelo Estado encontra asilo noutros Estados e também o Estado moderno omite-se de regular áreas vastas. Mas esse modo de colocar o problema é errado. Não se trata de demonstrar que o Estado não seja soberano de modo absoluto: que não seja soberano nesse sentido, isso foi visto desde o momento em que dele se declarou o caráter ilusório. Trata-se, em vez disso, de demonstrar por que o cidadão deve agir como se o Estado fosse soberano; em outras palavras, por que a ação do cidadão e a própria existência da sociedade política implicam necessariamente a idéia do caráter estatal, jurídico e soberano do Estado. Como explicar, por exemplo, o sacrifício do cidadão pelo Estado, sem admitir o caráter jurídico da reação social? Ninguém nega a existência de organismos individuais que podem apenas ser definidos admitindo-se uma unidade teleológica de todos os órgãos e de todas as funções. E todavia também estes últimos estão sujeitos à doença, à degeneração e à morte. Assim como nos crentes a experiência do divino não exclui a possibilidade do pecado e vice-versa, também nos cidadãos a violação do direito não é de modo algum a negação do direito, e, ainda menos, a negação do conceito de direito. Que o soldado deserte com sucesso, que o contribuinte fraude suas obrigações tributárias, que os culpados de delitos políticos encontrem proteção no exterior, esses são fatos que constituem experiências com base nas quais a ciência afirmará o caráter ilusório do Estado. A experiência jurídica em si, contudo, é necessariamente a experiência da autoridade soberana da sociedade política, e outra coisa não é senão essa experiência. Assim como a experiência tátil da integridade do bastão, obtida imergindo a mão na água, não suprime a experiência ótica do bastão quebrado na água, do mesmo modo a experiência de uma ação realizada com sucesso contra o Estado não elimina a experiência jurídica da sociedade política, que é possível somente como experiência jurídica. A violação do direito não exclui o direito; ao contrário, o pressupõe. O membro da sociedade política que age em contraste com seu fim é por esta expulso *ipso facto*, ou seja, é condenado à destruição e à morte, de modo que – como consorciado –, também naquele momento, dela experimenta seu caráter soberano. A crítica de Kelsen seria pertinente se ele pudesse demonstrar que o consorciado pode violar o direito sem que sua personalidade de consorciado disso se ressinta, porque a experiência jurídica não é outra coisa senão a experiência do sujeito enquanto consorciado. Recordemos a propósito as considerações de Bergson sobre o criminoso que escapou da justiça, a explicação de Durkheim sobre o suicídio e, enfim, o antigo apólogo de Menênio Agripa. Kelsen repete com satisfação sua idéia de que meu conceito se inspire na ideologia do Estado totalitário, o qual, segundo ele, baseia-se na afirmação da soberania do Estado. Para dar-se conta de que minha doutrina não seja absolutamente nem uma ideologia totalitária, nem nenhuma outra ideologia, basta considerar os seguintes pontos:

1. Uma ideologia consiste na representação de um ideal a ser realizado ou a ser executado, enquanto minha doutrina limita-se a analisar a estrutura da sociedade política assim como ela se apresenta numa experiência concreta, sem sugerir a idéia de que o Estado tenha o direito de pretender, por exemplo, o sacrifício da vida dos seus cidadãos, nem que o cidadão tenha o dever de obedecer às leis do Estado e de considerar o Estado como uma divindade absoluta; ao contrário, minha teoria afirma que o indivíduo é essencialmente livre para aceitar ou recusar a lei do Estado, desde que porém esteja pronto para sofrer as conseqüências da própria escolha.

2. O Estado totalitário é caracterizado pela tendência a suprimir a área das liberdades do cidadão, enquanto minha doutrina não diz, nem dirá absolutamente nada sobre a oportunidade ou sobre a necessidade dessa supressão, ou seja, sobre a limitação dessa área: para minha teoria, é de todo indiferente a idéia de soberania.

3. Por esse motivo, minha doutrina não distingue, nem deve distinguir de modo absoluto, o Estado totalitário do Estado liberal, devendo considerar essa distinção como puramente empírica e destinada a um fim político. O Estado totalitário, com efeito, é, para minha teoria, um Estado, nem mais nem menos, da mesma forma que o Estado liberal. Tanto um, como outro, estão igualmente incluídos no conceito de Estado.

Kelsen observa que a doutrina pura do direito distingue as ideologias que transfiguram o Estado, ou o direito, da ideologia que se identifica com a idéia do Estado ou do direito mesmo, ou seja, da representação que o Estado ou o direito tem de si mesmo[14]. Ele afirma que minha distinção entre o ponto de vista universal e o ponto de vista particular chega a contrapor o Estado como realidade ou potência ao Estado como direito. Na minha opinião, Kelsen confunde o Estado com o governo ou o partido no poder, para o qual o direito, ou o Estado, é apenas a expressão de sua ideologia. Mesmo admitindo que o sentido especial de um ordenamento estatal dependa sobretudo da ideologia do partido ou da classe no poder, o direito enquanto tal nada tem a ver com essa ideologia. Não se pode confundir a ideologia que pode estar na base de um certo Estado com o Estado em si. A ideologia é subjetiva; o Estado, objetivo.

Outrossim, para mim resulta impossível distinguir o Estado como potência do Estado como direito. O Estado existe apenas como direito. O Estado como potência pode ser percebido, não do ponto de vista jurídico, mas apenas do ponto de vista universal e, enquanto tal, este não é mais o objeto em relação aos seus sujeitos, mas é uma entidade individual concreta entre todas as outras entidades individuais da mesma espécie. Este Estado como potência não tem, conseqüentemente, nada a ver com a ciência jurídica.

Conclusão

Kelsen nega não somente que o Estado seja soberano, mas ainda, em última análise, a própria experiência estatal ou jurídica. Para Kelsen, o Estado soberano é somente uma ideologia e, precisamente, a ideologia dos fautores do absolutismo, ou mais exatamente, dos governos totalitários. Ele não vê de modo algum a relação essencial entre a idéia de Estado e a idéia de soberania. Kelsen, contudo, reconhece ser soberano o orde-

---

14. Cfr. o *Juízo* de Kelsen, *supra*, p. 129.

namento jurídico supremo, o direito internacional, do qual depende a validade de todos os ordenamentos estatais; ademais, ele concebe o sistema universal do direito como um Estado. Na minha opinião, é indiscutível que a experiência concreta do direito internacional não possa ser definida soberana mais do que aquela do direito interno, como por outro lado a lei dos Estados considerados totalitários não parece aos seus súditos mais soberana do que a lei dos Estados liberais. Na minha tese, demonstrei não ser possível separar a idéia de soberania da idéia de Estado e de direito e demonstrei ainda que Hans Kelsen, tendo-as separado, não consegue oferecer um conceito científico de Estado. De fato, ele mesmo define o seu conceito de Estado como uma norma consuetudinária do direito internacional.

4. O conceito de direito internacional

Kelsen afirma não compreender como, segundo minha tese, os diferentes ordenamentos jurídicos internacionais podem coincidir; ele não encontra uma demonstração suficiente dessa coincidência. Admito, de minha parte, não compreender o sentido e a relevância dessa crítica. Observo, porém, que, segundo minha concepção, a coincidência (ou melhor, a correspondência) do conteúdo das normas internacionais de diversos ordenamentos jurídicos não é de nenhum modo necessária do ponto de vista jurídico e que esta depende do paralelismo do desenvolvimento das diversas nações, por outro lado facilmente explicável. Esse paralelismo do desenvolvimento histórico das nações, entretanto, que permite considerá-las como pertencentes a uma civilização comum, esse paralelismo, repito, não tem nenhum significado jurídico.

Kelsen acredita descobrir a prova da incompatibilidade entre meu conceito de Estado soberano e aquele de direito internacional, no ponto onde afirmo que a questão de saber se no mundo existe apenas um Estado ou mais Estados não diz respeito à ciência jurídica, mas à ciência histórica e à ciência política. Evidentemente, devido ao modo com o qual Kelsen interpreta o meu pensamento, o conteúdo do meu conceito de direito internacional depende da existência mesma desse direito, razão pela qual a questão da existência de uma pluralidade de Estados, que é a condição da existência do direito internacional, termina por ser considerada como uma questão essencial da ciência jurídica. Kelsen comete aqui o clássico erro de confundir a essência de um objeto com a sua existência, de confundir as relações puramente lógicas com relações históricas de causalidade. É verdade que se não se estabelece a existência de uma pluralidade de Estados, a existência do direito internacional torna-se problemática. Mas não é tarefa da ciência jurídica dizer se num certo momento existe um direito internacional, como também não é sua tarefa dizer se existe uma pluralidade de Estados. Trata-se de uma questão própria da ciência histórica, a qual poderá responder a essa pergunta com pesquisas realizadas, recorrendo-se aos conceitos elaborados pela ciência jurídica. Esta última deve limitar-se a afirmar que, existindo uma pluralidade de Estados, existe necessariamente também um direito internacional e que, analogamente, existindo um direito internacional, existe necessariamente também uma pluralidade de Estados.

Para eliminar uma outra dúvida que a crítica de Kelsen, um tanto obscura sobre esse ponto, poderia deixar subsistir, recordarei que, segundo a minha teoria, a distinção do direito em direito interno e direito internacional não deriva necessariamente do meu conceito de direito em geral, o que significa que a existência de uma pluralidade de Estados é um fato contingente no que refere à existência do direito, pois que este está já perfeitamente realizado na sua essência por e em um único Estado.

Kelsen afirma em seguida ser completamente inadequada minha crítica sobre o modo com o qual a doutrina pura do direito concebe a unidade da ciência como unidade do sistema de normas que dela constituem o objeto, porque minha doutrina jurídica se refere não a um *Sollen*, mas a um *Sein*, enquanto a doutrina pura do direito parte do pressuposto de que o conhecimento do direito tenha um caráter normativo porque considera o valor de dever ser ínsito nas normas e considera que, no interior da esfera do *Sollen*, a proposição contraditória se comporte como se estivesse dentro do sistema de juízo do *Sein*.

Não tendo certeza de compreender exatamente o significado da crítica, procurarei precisar a posição assumida sobre esse tema pela minha teoria, em relação àquela que eu atribuo à doutrina pura do direito. Segundo a doutrina pura do direito, o postulado da unidade da ciência jurídica exige que todas as normas definidas como direito constituam um sistema único. Todavia, a unidade desse sistema não está concebida em função de um único fim comum a todas as normas, porque a doutrina pura do direito não reconhece que a finalidade seja um elemento essencial das normas jurídicas: a finalidade, afirma Kelsen, é assegurada como nas ciências naturais, pela simples aplicação do princípio lógico de não contradição. Com efeito, o sistema único kelseniano coincide com o sistema das proposições científicas que constituem a ciência do direito, ou seja, concretamente com a doutrina pura do direito. Kelsen reconhece de modo explícito o caráter normativo da ciência jurídica e identifica as normas jurídicas com as proposições científicas nas quais consiste essa ciência, proposições que Kelsen chama também de proposições normativas. A unidade do sistema jurídico é a unidade da própria ciência: ciência do direito e direito estão absolutamente confundidos.

Eu entendo de modo completamente diverso o postulado da unidade da ciência porque concebo de modo diverso tanto a ciência, quanto seu objeto e suas relações. Para mim, as normas jurídicas contêm essencialmente o elemento teleológico, que é este mesmo – e não a categoria de um *Sollen* formal e abstrato – o critério segundo o qual se pode e se deve julgar a pertinência ou não de uma norma a um certo sistema jurídico. Efetivamente, o conteúdo de uma norma é sempre necessariamente uma ação e toda ação é caracterizada pelo seu fim. Uma vez que nada impede imaginar normas que tenham um fim diverso e oposto, ou seja, normas que se referem a ações com um fim diverso e oposto, devo admitir que é possível também a pluralidade de sistemas jurídicos. A unidade da ciência do direito não teria a mínima dificuldade em admiti-lo, porque tal unidade consiste na unidade lógica das proposições ou leis científicas, unidade que depende exclusivamente da unidade do conceito de direito. Ao contrário, as contraposições teleológicas dos vários ordenamentos jurídicos estão incluídas e resolvidas na unidade lógica da ciência, que pode assim fazê-lo porque o seu ponto de vista é diverso daquele do sujeito, e sob este ponto de vista é perfeitamente verdadeiro que possa existir um só e único sistema jurídico, como afirma a doutrina pura do direito. A doutrina pura do direito, porém, ao confundir o ponto de vista do sujeito com o da ciência, está constrangida a admitir que este sistema é necessariamente único também para a ciência, e não apenas para o sujeito. É por isso que Kelsen escreve: "Quando assume o ponto de vista normativo, ou seja, quando se coloca 'do ponto de vista do sujeito', Campagnolo alcança o mesmo resultado da doutrina pura do direito."[15] Em outras palavras, a doutrina pura do direito concebe o direito e o seu sistema único do direito como eu mesmo o conceberia se me colocasse sob o ponto de vista do sujeito do direito. Todavia, não me coloquei sob este ponto de vista porque pretendo construir uma teoria científica, e não descrever a visão subjetiva de um sistema particular do direito, como pode ser aquela do sujeito de direito. Uma teoria científica é essencialmente objetiva porque depende do ponto de vista universal. A afirmação dessa coincidência das duas doutrinas – da doutrina de Kelsen e da minha – nos revela de modo surpreendente a natureza subjetiva e ideológica da doutrina pura do direito. Em primeiro lugar, ela contém a admissão de que a doutrina pura do direito é a construção, ou melhor, a representação da visão do direito como aparece do ponto de vista do sujeito, enquanto na minha doutrina essa visão é apenas a matéria da elaboração científica.

Em segundo lugar, é preciso notar que o único ordenamento jurídico existente para o sujeito do direito, segundo a minha doutrina, não encontra de modo algum as dificuldades postas pelo problema das contradições existentes dentro do sistema único da doutrina pura do direito, porque este pretende

---

15. Cfr. o *Juízo* de Kelsen, *supra*, pp. 132-3.

incluir todos os vários Estados e também o direito internacional, seja quando o ponto de vista escolhido for aquele do sujeito de um Estado particular, seja quando for aquele do sujeito de direito internacional (sempre que se possa admitir a existência desse ponto de vista).

A doutrina pura do direito tende a identificar-se em particular com a ideologia do direito internacional, a qual revela sua falta de universalidade na impossibilidade de resolver o dilema entre a necessidade lógica de eliminar toda contradição do sistema jurídico universal (que inclui o ordenamento internacional e os ordenamentos estatais) e a necessidade histórica – e, num certo sentido, também lógica – de admitir a possibilidade que os ordenamentos jurídicos estatais violem o direito internacional. Kelsen pretende resolver as contradições derivadas dessa última necessidade com a sua teoria dos conflitos aparentes de normas, fundada essencialmente na distinção entre *Sollen* e *Sein*, porque pretende resolver a eventual contradição entre normas, considerando-a uma contradição que diz respeito ao *Sein*, mas não ao *Sollen*. Demonstrei, entretanto, que essa solução dos aparentes conflitos de normas é absolutamente um sofisma, pois que recorre à duplicidade sub-reptícia do *Sollen*, entendido seja como categoria, seja como norma. A norma que diz respeito ao *Sollen* (*Soll-Norm*) é o *Sein* revestido de uma terminologia de caráter moral, na qual se encontram os elementos subjetivos e teleológicos que a doutrina pura do direito exclui do mundo do *Sollen*. Se a separação entre *Sollen* e *Sein* pudesse ser de qualquer forma mantida, terminaria por coincidir com a minha distinção entre o ponto de vista universal e o ponto de vista particular, como penso ter demonstrado na minha tese. Mas na doutrina pura do direito essa separação assume o caráter de um dualismo gnosiológico que nos conduz inevitavelmente, com o fim de eliminar o vazio de um formalismo inconcebível, àquela confusão de princípios à qual Kelsen mesmo se opusera na sua hipótese fundamental. As normas jurídicas concretas não podem ser concebidas independentemente do seu elemento de finalidade, ou seja, de um elemento que, segundo a concepção kelseniana, pertence ao mundo do *Sein*, no qual se encontra relegada a idéia do sujeito. Assim é que a doutrina pura do direito não chega a suprimir as contradições entre as normas do seu conteúdo real e a transformá-las em proposições ou fórmulas científicas abstratas com a substituição capciosa do *Sollen* como categoria universal pelo *Sollen* como norma particular. Todavia, os conflitos efetivos – e não somente aparentes – das normas concretas subsistem intactos depois de uma semelhante solução que é, assim, aparente, porque resolve apenas contradições inexistentes e deixa, em vez disso, intactas as contradições reais. O problema dos pretendidos conflitos aparentes dentro do sistema universal, objeto da doutrina pura do direito, se definiu sem equívocos, com base no seu verdadeiro significado e apresenta-se ao espírito do seguinte modo. As normas jurídicas do sistema único são expressões do *Sollen* e, portanto, supõem-se igualmente válidas para todos os seres humanos; ou, mais exatamente, elas fazem absoluta abstração da existência dos seres humanos. Do ponto de vista lógico – queira ou não o autor da doutrina pura do direito – isso implica a idéia de um fim universal que para aquela doutrina, em última análise, é um fim científico porque coincide com o *Sollen* entendido como categoria do conhecimento. As normas não conformes a essa finalidade universal são normas contraditórias e, como tais, deveriam ser sem dúvida eliminadas do sistema porque sua contraposição é inconciliável, ou seja, não pode ser resolvida distinguindo os indivíduos ou os vários sujeitos aos quais se endereça. A doutrina pura do direito não pode logicamente recorrer a essa distinção, porque – tendo como objeto somente *a idéia* do *Sollen* puro – não conhece absolutamente os indivíduos concretos. À minha crítica da teoria dos conflitos aparentes de normas Kelsen opõe esta objeção: "Afirmar que certos seres humanos consideram obrigatória a norma '*A* deve' e que outros seres humanos consideram obrigatória a norma '*não-A* deve' não é contraditório, como não o é em antropologia a constatação de que, entre os seres humanos, alguns são negros e outros são brancos."[16] Essa crítica é um sofisma por-

---

16. Cfr. o *Juízo* de Kelsen, *supra*, pp. 132-3.

que não se funda na doutrina pura do direito. De fato, a norma jurídica kelseniana, único objeto da doutrina pura do direito enquanto ciência do direito, é um juízo assim formulado: "Se se verifica o fato *A*, deve (*soll*) verificar-se o fato *B* em virtude de uma norma", "sem que isto – acrescenta Kelsen – indique nada sobre o valor moral ou político desta conexão"[17]; em outras palavras, cada elemento subjetivo ou teleológico é estranho à norma. Duas normas jurídicas, assim como as concebe Kelsen, poderiam estar em contradição entre elas somente se fossem dois juízos nos quais dois predicados que se excluem fossem referidos ao mesmo sujeito. Esses juízos teriam a seguinte forma:

a) se se verifica o fato *A*, deve-se verificar o fato *B*;
b) se se verifica o fato *A*, deve-se verificar o fato *não-B*.

Essa é a única contradição que a doutrina pura do direito pode admitir entre normas, e essa contradição não é de nenhuma forma aparente, nem remete a elementos teleológicos absolutamente estranhos à norma jurídica kelseniana. Essa contradição pode assim ser resolvida somente com a supressão de um termo ou de outro.

Trata-se na realidade de uma contradição lógica no interior da ciência, e não de uma contraposição de fins particulares entre sujeitos diversos e ordenamentos jurídicos diversos. Que as coisas estejam dessa forma, isso pode ser visto ao refletir-se sobre o seguinte: a doutrina pura do direito identifica com as normas as proposições científicas das ciências morais. A essa altura, é inadmissível recorrer aos vários sujeitos e fins para superar as contradições que a doutrina pura do direito, em homenagem à experiência histórica, é constrangida a admitir entre as normas do ordenamento jurídico internacional e as normas do ordenamento jurídico estatal, pois que os vários sujeitos ou fins são absolutamente desconhecidos às normas jurídicas kelsenianas. Em suma, os pretensos conflitos aparentes são conflitos efetivos, são contradições no interior do sistema único das normas, exatamente porque a doutrina pura do direito é logica-

---

17. A fonte deste texto kelseniano, citado em francês por Campagnolo, não foi encontrada.

mente constrangida a colocar-se o problema sob o ponto de vista do *Sollen*, sem levar em conta os indivíduos aos quais as normas se dirigem, ou melhor, não se dirigem, porque na realidade estas não são normas, mas sim proposições científicas. Desse modo, entre a norma estatal que desencadeia uma guerra definida injusta pelo direito internacional (enquanto viola as normas deste último) e as normas do direito internacional assim violadas, existe uma inevitável contradição, um conflito efetivo que produz uma ruptura inadmissível no interior do sistema universal do direito, porque a fonte da validade do direito estatal é o direito internacional mesmo, a partir do momento em que os dois direitos constituem o sistema universal. A própria norma fundamental, que confere validade à norma do conteúdo *A* confere ao mesmo tempo validade à norma do conteúdo *não-A*, A contradição investe, assim, evidentemente, a própria norma fundamental, enquanto fonte de validade de todas as normas do sistema universal, não existindo razão para remontar à distinção entre *Sollen* e *Sein*, ou seja, ao dever ser, categoria *a priori* do conhecimento jurídico e da causalidade eficiente ou final.

Enfim, Kelsen sublinha que eu não justifico a afirmação de que o direito internacional (por mim definido como uma parte do direito do Estado) seja de qualquer forma produzido de modo diverso do direito interno, uma vez que ocorre o concurso de outros Estados. Digo de súbito que essa objeção é completamente sem fundamento. O direito internacional, assim como o entendo, não é o resultado da colaboração dos outros Estados com o Estado do qual emana porque a sua validade, ou seja, a sua existência mesma, depende exclusivamente do Estado do qual faz parte. A existência de outros Estados é uma causa indireta da norma do direito internacional. Com maior razão, direi quase que a sua existência é o problema que a norma de direito internacional é chamada a resolver. Ao afirmar que outros Estados colaboram na criação do direito internacional com o Estado que emana as normas em questão do direito internacional, Kelsen comete um erro, como se dissesse que as leis sobre o furto são criadas em colaboração com o ladrão.

5. O conceito de desenvolvimento do direito internacional

Kelsen reconhece que minha definição do desenvolvimento do direito internacional é coerente com os outros princípios da minha doutrina e parece concordar também com a minha afirmação segundo a qual o direito internacional atinge a perfeição com a fundação do Estado mundial. Ele, todavia, me reprova por não revelar nada sobre a essência do processo desse desenvolvimento, assim como é habitualmente entendido.

Admito mais uma vez não compreender exatamente o verdadeiro sentido dessa crítica. Temo, porém, que Kelsen imagine o processo de desenvolvimento do direito internacional à moda dos ideólogos internacionalistas ou pacifistas, para os quais o progresso do direito internacional consiste na limitação da soberania do Estado, chegando a emancipar o indivíduo do Estado, e a colocar fora da lei a guerra. É evidente que minha doutrina refuta implicitamente essas concepções de desenvolvimento do direito internacional. Digo implicitamente, mas isso não quer dizer que não o tenha feito de modo suficientemente claro. Afirmando que o desenvolvimento do direito internacional consiste na realização progressiva da essência soberana do Estado, é claro que o problema do desenvolvimento do direito internacional entendido como limitação da soberania do Estado – assim como se apresenta às doutrinas para as quais existe um certo antagonismo entre o direito internacional e o Estado – é absolutamente estranho à minha teoria, que, pelo contrário, define o direito internacional como parte do Estado.

Se, por outro lado, Kelsen tem intenção de reprovar-me por não ter indicado os eventos e os fatos concretos que constituem o desenvolvimento do direito internacional, então devo recordar que os modos e os métodos da realização desse desenvolvimento no curso do tempo constituem o objeto da história, não da teoria do direito.

Kelsen, ademais, duvida que a formulação do princípio do desenvolvimento do direito internacional, consistente na assimilação do estrangeiro ao cidadão, seja uma afirmação feliz[18]. Meu

---

18. Cfr. o *Juízo* de Kelsen, *supra*, pp. 133-4.

crítico pensa evidentemente que existem outras afirmações mais felizes, mas no fundo equivalentes. Todavia, ele mesmo observara pouco antes que minha noção de desenvolvimento do direito internacional é logicamente deduzida da minha noção fundamental do direito. Ora, eu insisti muito para demonstrar que o conceito de desenvolvimento de um objeto pode ser somente o próprio conceito desse objeto, considerado dinamicamente no curso de sua realização. Não podia assim encontrar uma formulação mais ou menos feliz de meu conceito de desenvolvimento do direito internacional, escolhendo um em lugar de outro entre os possíveis aspectos desse direito (porque é certo que existem vários pontos de vista dos quais se pode considerar o direito internacional); podia definir o desenvolvimento do direito internacional unicamente em relação àquilo que constitui o elemento essencial do conceito desse direito, ou seja, a relação entre o cidadão e o estrangeiro.

Uma crítica sua mais importante diz respeito aos conceitos de imperialismo e de federalismo. Sustentei que, para o desenvolvimento do direito internacional, o imperialismo é uma via tão possível e legítima quanto o federalismo, entendendo aqui com "imperialismo" que um Estado tome a iniciativa de um processo de unificação internacional, e com "federalismo" que essa iniciativa seja tomada mais ou menos simultaneamente e com a contribuição mais ou menos equivalente das nações confederadas. Distingui o imperialismo e o federalismo, assim compreendidos a partir do processo concreto de desenvolvimento do direito internacional, em que o imperialismo e o federalismo se encontram em relação dialética porque, de fato, a unificação internacional não é nunca produto de uma atividade absoluta ou de uma passividade absoluta por parte das nações que constituirão a nova unidade. Deste ponto de vista, o imperialismo e o federalismo não são concebíveis para além da relação recíproca.

Kelsen, contrariando o que acabei de afirmar, nega que minha definição de desenvolvimento do direito internacional pode referir-se ao federalismo. Segundo esse autor, a definição se aplica somente ao princípio imperialista porque, uma vez afirmado "que o desenvolvimento do direito internacional coincide com o desenvolvimento do Estado, ou seja, com 'a realização progressiva da sua essência soberana', isso não pode dizer outra coisa senão o seguinte: um certo Estado estende sua soberania a todos os outros"[19]. O federalismo é admissível, afirma ainda Kelsen, somente se se admite a existência de um direito internacional colocado acima dos Estados.

Responderei a essa objeção notando inicialmente que a realização da natureza soberana do Estado, assim como a entendo, não consiste na extensão da soberania do Estado acima de outros Estados, coisa que está em contradição com o conceito mesmo de Estado soberano. Um Estado é sempre soberano e seu desenvolvimento não consiste de modo nenhum em aumentar sua soberania impondo-se aos outros Estados e tornando-os menos soberanos. Para compreender meu conceito de realização da natureza soberana do Estado, é preciso partir da distinção entre ponto de vista científico e ponto de vista jurídico. Do ponto de vista jurídico, o Estado é necessariamente soberano, enquanto do ponto de vista científico essa idéia de soberania parece ilusória. Com efeito, existem experiências em contradição com tal idéia de soberania, sem que por isso a experiência estatal seja destruída ou se torne menos necessária e menos inevitável. A tendência do Estado é a de corresponder sempre mais plenamente à sua idéia, que é a da soberania, e de eliminar assim todas as experiências que constituem a prova dos seus limites. O Estado tende naturalmente a assimilar tudo aquilo que resta fora dele, ou seja, tudo aquilo que se apresenta como externo a ele do ponto de vista científico. Porém, aquilo que fica fora do Estado não são os outros Estados, porque não existe um Estado absoluto, isto é, não há individualidades estatais existentes em si e por si mesmas; há somente forças. E são essas forças que os seres humanos tendem a submeter; submetendo-as, eles realizam sempre mais perfeitamente a essência soberana do Estado.

Confundindo o ponto de vista particular com o ponto de vista universal, e considerando o Estado como um indivíduo con-

---

[19]. Cfr. o *Juízo* de Kelsen, *supra*, pp. 134-5.

creto dotado de uma certa força, quando afirma que o desenvolvimento do direito internacional é o desenvolvimento do Estado considerado sob um certo ponto de vista, Kelsen é levado a pensar que esse desenvolvimento consiste no acréscimo do Estado, considerado em si mesmo, respeito a outros Estados. É evidente que somente com o imperialismo seria possível um desenvolvimento semelhante. Mas esse conceito de desenvolvimento não é aquele derivado da minha definição de direito e da minha distinção entre ponto de vista universal e ponto de vista particular. Primeiramente, é preciso notar que o desenvolvimento, assim como eu o entendo, não é o desenvolvimento de um único e particular Estado, isto é, o conjunto das diversas fases da vida de uma certa sociedade política, nas quais se pode distinguir, como na vida de um organismo natural, um período de anabolismo, um período de catabolismo e a morte. O desenvolvimento que constitui o objeto da minha definição é aquele do Estado em geral que, mesmo realizando-se somente através e no âmbito dos Estados individualmente considerados, não pode ser nunca confundido com as fases da existência de um desses Estados. Analogamente, não seria lícito confundir o desenvolvimento da humanidade com a vida de um indivíduo específico, mesmo considerando que a vida da humanidade acontece através de cada indivíduo. Assim, se é impossível imaginar o desenvolvimento do direito internacional de um certo Estado somente como o acréscimo obtido com o imperialismo desse mesmo Estado, é possível e necessário, em vez disso, imaginar que o desenvolvimento do direito internacional se realize em sociedades políticas cada vez mais vastas, que nascem da união de indivíduos pertencentes a sociedades políticas diferentes, provocando desse modo a debilitação e o desaparecimento de alguma ou da maior parte dessas sociedades. Assim, por exemplo, o ato com o qual um indivíduo sacrifica sua vida para realizar uma idéia constitui um momento do desenvolvimento do ser humano considerado na sua generalidade, enquanto assinala o fim da existência e, conseqüentemente, do desenvolvimento do indivíduo especificamente considerado que executa aquele ato. Considerando o desenvolvimento do Estado em geral, parece-me que, então, nada impede considerar-se o desenvolvimento do direito internacional como o resultado do processo dialético entre federalismo e imperialismo, durante o qual tomam forma as relações internacionais. É claro que o federalismo e o imperialismo, cuja relação dialética provoca o desenvolvimento das relações internacionais, não são duas realidades jurídicas, dois fatos do mundo jurídico. Estes, efetivamente, não são a realização do relacionamento entre o Estado e o súdito, mas sim aspectos das relações existentes entre as nações, consideradas sob o ponto de vista científico. Eis por que prefiro utilizar aqui o termo "nação" ou "sociedade política" em lugar de "Estado".

Ao afirmar que o desenvolvimento do Estado consiste na realização progressiva de sua essência soberana, não pretendo evidentemente dizer que é a essência soberana mesma que se desenvolve, assim como não poderia dizer que um ato humano desenvolve a essência humana mesma. Recordei de modo explícito que nenhum ato de um ser humano pode superar a humanidade; mas, pelo contrário, é possível afirmar que todo ato supera o indivíduo e representa a realização da natureza humana no indivíduo. Toda manifestação do ser humano é necessariamente humana, mas o indivíduo humano não é nunca perfeitamente o ser humano. Nesse sentido é que seria preciso entender minha definição do desenvolvimento do Estado como realização progressiva da sua essência soberana. O Estado, do ponto de vista específico, é absoluto em todas as suas manifestações, enquanto do ponto de vista universal é sempre relativo. Toda manifestação do Estado é necessariamente soberana, mas o Estado não é nunca perfeitamente soberano. O Estado se desenvolve colmando sempre mais e mais a distância existente entre sua realidade histórica e sua idéia. Seu imperativo categórico é igual àquele dirigido ao homem, ou seja, o dever absoluto de ser ele mesmo; atesta, dessa forma, o sentido ilusório do próprio ser, assim como o imperativo dirigido aos seres humanos atesta a essência ilusória da vida de todos os indivíduos, que aparecem desta forma como que privados do próprio ser.

O Estado, como o ser humano, tende por isso a ser ele mesmo e seu progresso consiste na aproximação à sua própria idéia, isto é, na realização da sua natureza sob o ponto de vista histórico. Porém, assim como a realização da natureza humana não é confiada a um indivíduo específico, mas a todos os seres humanos, da mesma forma a realização da natureza estatal do Estado é confiada a todos os Estados; é, com referência à totalidade destes, idealmente infinita, que devemos considerar o desenvolvimento do Estado.

Ilustrei em particular o Império romano porque as relações internacionais entre Roma e os outros Estados de sua época são especialmente interessantes para demonstrar o caráter dialético do federalismo e do imperialismo nas relações internacionais. O Império romano é o produto evidente desse processo, e se tomou o nome de Roma foi porque historicamente a iniciativa do império foi tomada por Roma, e Roma a ele deu a contribuição mais importante. O Império romano não é absolutamente o resultado de uma pura conquista, como Kelsen parece pensar, mas sim o resultado de uma fusão espontânea em medida mais ou menos grande, de várias nacionalidades, originada pela potência romana.

Não quero insistir na contradição existente entre a afirmação de que meu conceito de desenvolvimento do direito internacional deriva logicamente (e obrigatoriamente) do meu conceito de direito e a afirmação de que esse desenvolvimento consistiria, segundo minha opinião, na extensão da soberania do Estado acima dos outros Estados. Ressaltaria somente, para terminar, que falta qualquer tipo de justificação para afirmar que meu conceito dependeria da debilitação atual do direito internacional, o que permite a Kelsen aproximá-lo das doutrinas que afirmam a primazia do direito nacional. Demonstrei que entre essas doutrinas e a minha concepção as relações são puramente superficiais, senão tão-somente aparentes. Outrossim, é evidente o caráter substancialmente lógico das razões pelas quais, partindo da minha noção de Estado, fui conduzido à minha noção de direito internacional, e Kelsen mesmo fez questão de sublinhar muitas vezes esse fato. Assim, sua conclusão, que visa estabelecer uma relação quase de causalidade entre minha concepção e uma das ideologias dominantes, parece a esta altura de todo inoportuna. Seu verdadeiro significado consistiria somente em ser uma tentativa, da qual se pode contestar a legitimidade, de transferir a crítica do campo teórico para o campo ideológico, no qual sua refutação poderia encontrar apoio em certos elementos sentimentais ou políticos.

VI.
Os outros juízos sobre a tese de Umberto Campagnolo*

* Foram aqui recolhidos os juízos dos outros membros da comissão que, além de Kelsen, se pronunciaram sobre a tese de Umberto Campagnolo:
    a) Maurice Bourquin (1 página datilografada em francês);
    b) Paul Guggenheim (1,5 página datilografada em francês);
    c) Paul Mantoux (2,5 páginas datilografadas em francês);
    d) Hans Wehberg (6 páginas datilografadas em alemão).
Os originais não têm notas; as notas ao pé da página são minhas.
Esses documentos estão conservados no Institut Universitaire de Hautes Études Internationales em Genebra, que deles autorizou gentilmente a publicação.

1. Juízo de Maurice Bourquin sobre a tese de Umberto Campagnolo

A tese de Umberto Campagnolo, intitulada *Nações e direito, ou seja, a evolução do direito internacional como evolução do Estado*, é essencialmente uma tese de filosofia do direito. É obra muito mais de um filósofo do que de um jurista. Se insisto logo sobre esse ponto é porque ele me obriga a avançar uma reserva fundamental no juízo que fui chamado a formular. A filosofia não é minha matéria. Como jurista e historiador, tenho com relação a esta a competência de um profano.

Isso posto, apresso-me a acrescentar que a leitura do trabalho de Campagnolo me impressionou profundamente.

Estou longe de compartilhar das conclusões do autor. Seu raciocínio encontra o meu dissenso em muitos pontos. Tenho a impressão, seguindo-o, de ser arrastado por algo de artificial. Isso ocorre provavelmente porque ele se fecha *a priori* numa concepção excessivamente rígida e restrita do direito. A solidez da sua construção, onde tudo está vinculado reciprocamente e concatenado, fica assim minada nos seus próprios alicerces. O grau de positividade das normas é, aos seus olhos, o elemento distintivo do seu caráter jurídico. O direito, diz Campagnolo (p. 6)[1], é a norma social "que possui o mais alto grau de

---

1. Cfr. Umberto Campagnolo, *Nations et droit*, cit., p. 7.

positividade". É lícito considerar que uma afirmação tão clara e exclusivista aprisione desde a origem o conjunto do seu trabalho num quadro convencional que se arrisca a falsear a visão das coisas, em lugar de esclarecê-la.

A tese sustentada por Campagnolo, assim, deve ser considerada com grande cautela. Todavia, o desacordo de base que me vejo obrigado a manifestar não me impede de forma alguma de apreciar o valor do trabalho apresentado. Esse trabalho supera incontestavelmente o nível normal de uma tese universitária pela sua vastidão, pela ciência e pela maturidade de pensamento que revela. A substância é rica, sobretudo nas análises críticas, e não se pode deixar de admirar o domínio da matéria demonstrado por Campagnolo.

A publicação dessa obra traria uma contribuição preciosa à filosofia do direito.

Genebra, 13 de dezembro de 1937.

2. Juízo de Paul Guggenheim sobre a tese de Umberto Campagnolo

Egrégio Senhor Diretor,

Li e reli a tese de Umberto Campagnolo e devo admitir que, embora esforçando-me seriamente, não consegui compreender seu conteúdo.

Admito de bom grado que o trabalho de Campagnolo represente um esforço louvável e que ele tenha lido e refletido muito, que tenha um espírito agudo e que certamente seja um pensador. Todavia, não compreendo qual tese sustente. No final das contas, parece-me tratar-se da negação de todas as concepções existentes sobre o direito internacional e da enunciação de uma nova teoria. Mas qual é a doutrina propugnada por Campagnolo? Nos trechos compreendidos entre a página 224 e a 246 ele procura oferecer um resumo da sua tese. Devo dizer que, francamente, não a entendo. Assinalo em particular as páginas 224-6², nas quais procurei em vão a definição da noção de direito e, especialmente, de direito internacional.

Admito de boa vontade a minha incompetência. Não consigo captar nada do pensamento de Campagnolo. Mas, provavelmente, a causa disto é minha falta de cultura filosófica. Penso ter realizado um certo esforço para examinar se existem partes da tese que sejam relevantes para a interpretação do direito positivo, ou para a técnica jurídica em geral, ou para a história do direito internacional. Com a maior boa vontade desse mundo, não consegui achar nada que pudesse interessar-me. Aliás, creio que o autor mesmo não tenha tido essa finalidade. [*Cancelado*: <Por outro lado, minha cultura filosófica geral é excessivamente débil para permitir-me apreciar esse trabalho>.] De resto, não duvido de que Umberto Campagnolo seja um filósofo de valor; mas, como disse, para mim é completamente impossível enunciar um juízo sobre esse trabalho. Conseqüentemente, peço, Senhor Diretor, a cortesia de desobrigar-me da função de membro da comissão examinadora desta tese³.

Receba minhas mais devotas saudações.

Genebra, 22 de dezembro de 1937.

3. Juízo de Paul Mantoux sobre a tese de Umberto Campagnolo

Não sou um jurista e, assim, sinto-me muito estranho ao debate sobre certas doutrinas, debate que ocupa naturalmente a maior parte da tese de Umberto Campagnolo. O meu juízo tem valor na medida em que o direito e as teorias do direito fazem parte da história, terreno no qual me sinto mais seguro, e na medida em que podem ser enquadradas numa filosofia geral.

Se nos colocamos sob esse ponto de vista, não há dúvidas de que Campagnolo seja uma pessoa dotada de espírito filosó-

---

2. Cfr. Umberto Campagnolo, *Nations et droit*, cit., pp. 236-8.
3. O pedido de exoneração por parte de Guggenheim não foi acolhido: nos documentos relativos ao doutorado de Campagnolo e no *imprimatur* da tese publicada ele figura como membro efetivo da Comissão examinadora.

fico. Isso justifica sua tendência à abstração levada até o extremo. Ele se move constantemente no plano dos princípios, sem ilustrar seus argumentos com exemplos emprestados dos fatos concretos. Mas seu pensamento é vigoroso, lógico, penetrante, na análise e na crítica, além de fundamentalmente realista, ainda que expresso em termos tão abstratos, a ponto de tornar a leitura do livro dificultosa para quem não tenha familiaridade com uma dialética quase escolástica.

É esse realismo que o induz a recusar toda e qualquer concepção jurídica que não seja, em última análise, fundada apenas na aspiração a um estado ideal de coisas. Para Campagnolo, importa distinguir-se daqueles que ele define os negadores do direito internacional: mas a reprovação que ele lhes dirige é sobretudo aquela de terem-se concentrado num pseudoproblema, especulando sobre um direito internacional ilusório. Ele se recusa a admitir o dualismo entre direito interno e direito internacional; porém, à diferença dos juristas que ele critica, recusa-o para fazer do direito internacional uma parte do direito interno, ou melhor, do direito *tout court*. Este último se confunde, para ele, com o Estado, expressão suprema de uma autoridade efetiva sobre os indivíduos: a única realmente presente enquanto tal na consciência individual. E se é verdade que ele, como em certas teorias por ele criticadas, pensa que o direito internacional possa ter como sujeito somente os indivíduos, por outro lado afirma que um tal direito se impõe a cada indivíduo sob a forma de lei do Estado e por meio da efetiva autoridade do Estado.

Para fundamentar e defender essa posição, o autor procede com o exame das doutrinas das quais contesta a validade. Esse exame crítico, conduzido com muita vivacidade e sutileza, ocupa grande parte do livro e lhe confere uma fisionomia particular.

A terceira parte, intitulada *Uma concepção filosófica da Sociedade das Nações,* é construída inteiramente ao redor de um único estudo crítico, ou seja, aquele sobre os cursos de Haia lecionados por seu compatriota, professor Del Vecchio, sobre *A Sociedade das Nações sob o ponto de vista da filosofia do direito internacional.* A parte positiva da sua tese exsurge em grande medida dessa dialética negativa, à qual se acrescentam porém as conclusões positivas. Estas últimas são concebidas de forma que entrem em colisão com muitas idéias e com muitos sentimentos adquiridos: aquilo que a maior parte dos autores chama de direito internacional cede lugar a relações internacionais de fato, de natureza essencialmente política e despidas de uma definição jurídica satisfatória. A unidade de base do direito não garante absolutamente a identidade do direito, assim como esta existe para os cidadãos dos vários Estados considerados separadamente. E aquilo que outros definiriam como o progresso do direito internacional culmina logicamente com seu desaparecimento, seja através do imperialismo (que absorve em um único Estado todos os Estados), seja com o federalismo (que deixa subsistir apenas nominalmente as independências nacionais); em ambos os casos, com o triunfo de uma força superior sem a qual um direito pode ser somente aspiração ou recordação.

Não devo aqui me pronunciar nem sobre essas conclusões – cuja aceitação depende obviamente da aceitação das premissas sobre as quais se fundamentam –, nem sobre a validade de uma argumentação cuja qualidade técnica não é de minha competência. É certo porém que estamos diante de uma obra original que testemunha o conhecimento aprofundado dos trabalhos mais importantes e mais recentes sobre as teorias do direito internacional, e de um notável esforço de pensamento, sustentado por um senso crítico pouco comum. Este livro, independentemente das críticas que não deixará de provocar, é obra de um espírito fora do comum, que sem dúvida supera em muito aquilo que se poderia esperar razoavelmente de um candidato ao doutorado.

Genebra, 14 de dezembro de 1937.

4. Juízo de Hans Wehberg sobre a tese de Umberto Campagnolo

I. É aconselhável inicialmente ilustrar em poucas palavras (e possivelmente na língua do autor) o *conteúdo* deste trabalho peculiar, porque aquilo que ali se expõe é dificilmente compreensível para quem não leu o livro do início ao fim. Se se prescinde da terceira parte, que contém, quase em forma de apêndice, uma polêmica contra o posicionamento do filósofo do direito italiano Giorgio Del Vecchio sobre o imperialismo e sobre o federalismo, o livro se divide em duas partes principais. Na primeira parte, Campagnolo ilustra sua concepção sobre o direito em geral e sobre o direito internacional em particular; na segunda, trata do problema do desenvolvimento do direito internacional. Deve ser dito porém que as duas partes principais, ainda que distintas exteriormente, se superpõem: por exemplo, no capítulo sobre o desenvolvimento do direito internacional encontram-se muitas afirmações sobre a natureza do direito e do direito internacional, as quais não são decerto marginais para a compreensão das idéias do autor.

Segundo o autor, o *direito* – ou seja, o Estado – é a mais vasta das organizações sociais. Estado e direito são, em última análise, idênticos. Mas o Estado subsiste não como um ente em si mesmo, mas unicamente na consciência dos seus súditos. Somente o indivíduo pode ser sujeito de direito, porém apenas do direito do seu Estado. Tudo aquilo que existe para além do Estado não chega à consciência do direito do indivíduo, que vive somente por meio e no âmbito do seu Estado (cfr. em particular pp. 47-9)[4].

Com *direito internacional* o autor quer significar as regras de um Estado que dizem respeito ao comportamento dos próprios súditos em relação aos cidadãos estrangeiros. Na base de sua concepção de direito internacional, existe assim a distinção entre cidadãos e estrangeiros. Uma vez que, segundo o conceito de direito de Campagnolo, são sujeitos de direito os seres humanos e somente os seres humanos (de fato, o direito é realidade somente na consciência do indivíduo), o próprio Estado não pode nunca ser considerado sujeito jurídico do direito internacional. Os Estados, considerados cada um em si mesmo, são o próprio direito e mantêm relações jurídicas exclusivamente com seus res-

---

4. Cfr. Umberto Campagnolo, *Nations et droit*, cit., pp. 46-8.

pectivos súditos. Por outro lado, o direito internacional não existe para além do Estado. O direito internacional é o direito do Estado referido a determinadas matérias (ver em particular pp. 47 ss)[5].

Mas não existem talvez mais Estados que mantêm relações jurídicas uns com os outros? O autor replica que para o indivíduo existe somente o direito do próprio Estado. A pluralidade dos ordenamentos jurídicos existiria somente do ponto de vista do estudioso. Seria tarefa deste último determinar se existe uma pluralidade de ordenamentos jurídicos que se excluem reciprocamente.

Segundo Campagnolo, sua doutrina garante a unidade do conceito jurídico. O direito interno e o direito internacional não se distinguem com base no fundamento formal das respectivas validades, mas somente com base nos respectivos conteúdos e finalidades. Por isso, a distinção entre direito interno e direito internacional é supérflua (cfr., por exemplo, p. 228)[6].

Aquilo que se define geralmente como direito internacional é – segundo o autor – somente uma grande quantidade de tentativas de construções científicas. Tais tentativas são porém destinadas à falência, porque se fundamentam num conceito de direito errado. O direito pode existir somente na consciência do ser humano. Em particular, estão erradas todas as teorias que têm como ponto de partida o Estado enquanto sujeito jurídico do direito internacional (p. 119)[7]. O conceito de direito internacional, entendido como direito válido entre os Estados, parece tão estranho ao autor quanto o é a quadratura do círculo para a geometria euclideana (cfr. p. 137)[8]. Um direito internacional no sentido tradicional não existe. Um direito entre Estados (que não podem nunca ser sujeitos de direito) está conceitualmente excluído. Existe somente uma política dos contatos entre homens de Estado, uma arte do governo. Por exemplo, o princípio

---

5. Cfr. Umberto Campagnolo, *Nations et droit*, cit., pp. 46 ss. Esta remissão coincide de fato com a nota anterior.
6. Cfr. Umberto Campagnolo, *Nations et droit*, cit., p. 221.
7. Cfr. Umberto Campagnolo, *Nations et droit*, cit., p. 118.
8. Cfr. Umberto Campagnolo, *Nations et droit*, cit., p. 129.

do respeito dos pactos não é uma regra de direito, mas somente um programa aconselhável aos Estados, porque o respeito dos acordos serve "dentro de certos limites" e pode ser necessário para uma nação (p. 143)[9].

No que se refere ao *desenvolvimento do direito internacional*, este último pode desenvolver-se somente através e no âmbito do Estado. Cada Estado representa, assim, o elemento do desenvolvimento do direito internacional. O direito internacional atinge a própria completeza somente por intermédio e no âmbito do Estado (pp. 211-2)[10]. O desenvolvimento do direito internacional consiste na assimilação progressiva dos indivíduos não pertencentes ao Estado (p. 245)[11]. Os povos aspiram a cancelar a realidade externa. O fim último é o Estado universal. Este comporta o fim de todos os Estados e representa o nível máximo de desenvolvimento do direito internacional (p. 251)[12]. Qual nação realizará o Estado universal? Depende primeiramente do fim de toda nação, mas também da força com a qual pode contar para atingir esse escopo. Se o escopo nacional for perseguido com espírito humanitário, o Estado fará conquistas mais facilmente do que faria se o escopo servisse sobretudo ao egoísmo nacional (p. 252)[13].

Essa breve exposição não quer nem pode traçar um quadro de qualquer forma completo do conteúdo do trabalho, mas dele oferece somente uma idéia aproximativa.

II. No que se refere primeiramente à *forma exterior* da exposição, o método do autor é menos sistemático do que possa fazer pensar a própria estrutura do trabalho. Algumas questões iniciais – por exemplo, aquelas relativas à identidade entre direito e Estado e aquelas relativas à inseparabilidade entre sujeito de direito e caráter do direito – são esclarecidas somente no

---

9. Cfr. Umberto Campagnolo, *Nations et droit*, cit., pp. 134 s.
10. Cfr. Umberto Campagnolo, *Nations et droit*, cit., pp. 221 s.
11. Cfr. Umberto Campagnolo, *Nations et droit*, cit., pp. 241 s.
12. Cfr. Umberto Campagnolo, *Nations et droit*, cit., p. 246.
13. Cfr. Umberto Campagnolo, *Nations et droit*, cit., p. 244.

correr da exposição, não obstante devessem ter sido examinadas no início. Em geral, a polêmica contra as outras concepções é muito mais ampla do que a exposição do próprio ponto de vista, fato que, de resto, Campagnolo mesmo admite (p. 243)[14]. Em toda parte percebe-se que o forte temperamento do autor quer exprimir-se em forma pessoal, coisa que, por outro lado, torna a leitura do trabalho especialmente estimulante.

No que diz respeito ao conteúdo mesmo da doutrina de Campagnolo, não se encontrará facilmente um internacionalista que compartilhe com as suas teorias ou que por elas se deixe ainda que somente convencer. O que, porém, não deve causar maravilha, nem significar muito, porque na sua tese Campagnolo recusa as teorias dominantes em todas as suas variações e desenvolve em lugar delas uma teoria autônoma. Se, todavia, nos colocarmos por um momento sob o ponto de vista do autor, ver-se-á que ele procurou desenvolver sua teoria com uma surpreendente coerência. Seria difícil demonstrar que, na sua exposição, Campagnolo cometeu erros relevantes. Ao contrário, esta exposição deve suscitar nossa admiração pela sua originalidade e profundidade. Gostaria de sublinhar com muita força este juízo, sobretudo porque eu, além de naturalmente recusar a teoria de Campagnolo, acho que sua concepção produz resultados muito escassos para o direito internacional. A todas as perguntas que são da maior importância para a doutrina vigente, ele oferece uma resposta estereotipada: o direito internacional da doutrina dominante não existe.

Mais significativa do que a exposição da própria teoria é a polêmica do autor com uma série de eminentes autoridades do direito internacional, das quais me limito a recordar somente Kelsen e Politis. É típico de Campagnolo ter concentrado sua polêmica em estudiosos particularmente eminentes e em teorias particularmente difíceis. Isto é em parte compreensível em razão do seu trabalho no Instituto, mas de qualquer forma ressalta a agudeza da sua força intelectual. Não existem dúvidas de que a polêmica de Campagnolo com Kelsen, Politis e outros

---

14. Cfr. Umberto Campagnolo, *Nations et droit*, cit., p. 236.

ainda apresente uma grande quantidade de argumentos válidos que serão muito fecundos para a ciência do direito internacional. Creio ser oportuno deixar especialmente a Hans Kelsen a tarefa de exprimir-se com mais detalhes sobre o valor da polêmica com Campagnolo. A ele compete, mais do que ao autor destas linhas, o juízo sobre a exposição de Campagnolo a respeito da pureza da doutrina kelseniana, ao princípio da efetividade etc. De fato, não se pode negar que as argumentações de Campagnolo sejam extraordinariamente profundas.

As idéias do autor correspondem, aliás, a uma corrente muito forte nestes dias. Colocados diante da falência do direito internacional, muitos ambientes concentram suas esperanças num Estado universal. Campagnolo incorporou esse pensamento, fundamentando-o de modo completamente original e autônomo e expondo-o de modo muito convincente. Meu posicionamento de recusa à conclusão à qual chega o autor não me impede de reconhecer que, com este trabalho, estamos na presença de uma prestação intelectual de nível muito elevado, que contém um sistema completo. Não está absolutamente excluído que um dia este livro venha a ser um dos mais citados no direito internacional e também na filosofia do direito.

Recomendo, assim, que a este trabalho seja concedido o *imprimatur* como tese de doutorado.

Genebra, 10 de dezembro de 1937.

VII.

Umberto Campagnolo

Um projeto de pesquisa sobre a Sociedade das Nações*

* O *Projet d'une étude sur la Société des Nations* é um texto inédito de Umberto Campagnolo de 4 páginas datilografadas em francês; como se verá, remonta ao primeiro pós-guerra.

Este projeto de pesquisa já fora preanunciado em 1938, na nota anônima que antecede a edição publicada da tese: na conclusão deste primeiro livro de Campagnolo, pode-se ler: "o autor é naturalmente levado a perguntar-se qual significado pode ter a Sociedade das Nações no desenvolvimento do direito internacional"; e prossegue: "a resposta a essa interrogação constituirá o objeto de um outro livro que o autor está preparando, não obstante que suas sementes possam ser descobertas já neste trabalho".

Provavelmente, a realização deste projeto (ou, de qualquer forma, de uma parte substancial dele) coincide com o material datilografado em italiano de 201 páginas, ainda inédito, intitulado *Un commento postumo al Patto della Società delle Nazioni* (Um comentário póstumo ao Pacto da Sociedade das Nações), com o subtítulo *Alcuni problemi fondamentali della Società delle Nazioni riguardanti specialmente lo sviluppo del diritto internazionale* (Alguns problemas fundamentais da Sociedade das Nações referentes especialmente ao desenvolvimento do direito internacional). Observe-se a correspondência temática e terminológica entre a advertência que inicia a tese, acima citada, e esses títulos. O fato, pois, de que o comentário seja definido "póstumo" induz a pensar que ele tenha sido escrito em 1946, ano da dissolução da Sociedade das Nações. Sobre este inédito cfr., *supra*, p. 59.

Tanto o projeto de pesquisa aqui publicado, quanto o vasto inédito sobre a Sociedade das Nações estão conservados no Arquivo da Família Campagnolo, em Veneza, que gentilmente autorizou a publicação do projeto.

Este estudo está anunciado na última parte do meu livro *Nações e direito*, que dele apresenta os fundamentos e os conceitos principais. É um estudo crítico, mas também construtivo.

Primeiramente, proponho-me examinar as várias concepções da Sociedade das Nações, ou seja, o conjunto das manifestações internacionais, muito diversas e às vezes até mesmo contraditórias, que foram indicadas com essa denominação.

Em substância, essas concepções parecem ser o resultado de um compromisso fundado nas seguintes idéias, ora mais em uma, ora mais em outra: 1. a concepção utópica, que vê na instituição genebrina um verdadeiro organismo dos Estados, dotado de uma personalidade análoga àquela do Estado ou de uma sociedade interna ao Estado, e que dela considera a Carta institutiva, o Pacto, como suprema lei internacional que os Estados estão moral e juridicamente obrigados a respeitar; 2. a concepção que eu denominaria realista em sentido estrito, para a qual, ao contrário, a Sociedade das Nações é o instrumento de uma política que tenta reagrupar o maior número possível de forças internacionais em torno de certos interesses nacionais particulares.

Sem transcurar sua importância política e cultural, procurarei demonstrar que essas concepções, propensas a ver na Sociedade das Nações uma federação mundial de Estados ou a obra de uma inconfessada Santa Aliança, não colhem o aporte de novidade trazido pela Sociedade das Nações à história das relações internacionais. Tentarei explicar a insuficiência dessas concepções, ressaltando como tal insuficiência depende da incapacidade dessas mesmas concepções de manter claramente distintas a realidade e a ideologia, ou de imaginar um avenir diverso do passado; ou seja, em última análise, da falta de uma idéia adequada do fato internacional.

Gostaria de expor em seguida uma interpretação da Sociedade das Nações que me parece colher, mais do que as outras, a realidade profunda. Partindo da idéia de que a instituição de Genebra seja a expressão de exigências ainda obscuras da vida internacional, mais do que a obra consciente de uma ou mais pessoas, procurarei explicar as multíplices finalidades que lhe são atribuídas e o jogo das forças antagonistas que dela é o aspecto mais visível: isso me parece ser seu princípio histórico e sua verdadeira função.

Penso poder identificar esse princípio na necessidade, hoje universalmente sentida, de um ordenamento que permita prever razoavelmente o curso dos eventos. Esse é o fundamento da segurança que se procura com muita ansiedade desde o final da guerra [ou seja, desde 1918] e que é a condição essencial da existência mesma da civilização e de qualquer progresso.

Com efeito, a fase histórica atual é caracterizada não por uma vontade excepcionalmente malvada dos seres humanos, mas pela grave incerteza que os angustia diante dos novos problemas criados pelas mudanças radicais que intervieram na estrutura política dos Estados, da ascensão ao poder de novas classes dirigentes, das profundas transformações da diplomacia e dos exércitos, devidas sobretudo ao ingresso nas suas fileiras de pessoas provenientes de outras camadas sociais e, enfim, do enorme desenvolvimento das relações internacionais causado pelo aumento da população mundial e pelo progresso da técnica.

Na minha opinião, a instituição de Genebra tem a tarefa essencial, então, de ajudar as nações a encontrar os meios necessários para vencer sua aflição e seu medo e adaptar-se às novas condições da vida internacional. No que diz respeito à sua função, creio, portanto, poder definir a Sociedade das Nações como o método, conforme as necessidades da vida internacional moderna, para determinar as regras de uma sábia política internacional e, ao mesmo tempo, como instrumento adequado para facilitar a aplicação dessas mesmas regras.

Demonstrarei como essa finalidade, contrariamente àquelas habitualmente atribuídas à Sociedade das Nações, não está em contradição com os fins particulares das várias nações, mas que, ao contrário, é comum a todas elas, porque lhes permite, em última análise, conhecer melhor e perseguir melhor seus interesses. Assim, todas as nações estarão prontas para adotá-la e a Sociedade das Nações alcançará a universalidade que procura desde seu início, diria até quase instintivamente, porque tal universalidade é essencial à sua existência normal.

Terminarei meu trabalho oferecendo algumas sugestões concretas que se inspiram nas duas conferências internacionais pela paz de 1899 e de 1907. Efetivamente, considero essas conferências como os precedentes históricos mais diretos e mais importantes da Sociedade das Nações, assim como a concebo, enquanto a Santa Aliança me recorda somente um aspecto a esta última não necessário, aliás em contradição com sua verdadeira função.

Com base na sua própria tarefa, seria mais exato dar à instituição de Genebra o nome de "Conferência intergovernativa permanente de paz" (ou da ordem internacional): realmente, a expressão Sociedade das Nações, normalmente usada para indicar uma sociedade de Estados, é contraditória em si mesma. Não obstante – considerando seu fim (ou melhor, seu resultado lógico), e considerando o termo "nação" não como um sinônimo de Estado, mas no seu significado originário –, é lícito e preferível conservar sua denominação atual, que tem a vantagem de sugerir a imagem de uma humanidade unificada por um ideal de irmandade.

A Sociedade das Nações exercitará seu papel no modo mais eficaz por meio de três organismos principais que correspondem às suas três funções principais: um organismo político composto de homens de Estado responsáveis, ou seja, pelos representantes dos governos dos vários países; um organismo jurídico, formado por um tribunal de juristas; e, enfim, um organismo científico, constituído por um instituto ou centro de estudos internacionais. Não posso ora descrever com mais detalhes as respectivas tarefas desses organismos, nem a coordenação deles em vista de um fim comum.

Não gostaria que estas sugestões fossem consideradas como um projeto de reforma do atual Pacto da Sociedade das Nações, porque assim não o é; estas sugestões não visam, efetivamente, reduzir a eficiência dessa instituição em função de seus reiterados insucessos. Pelo contrário, eliminando da Sociedade das Nações todas as tendências particularistas que são a verdadeira causa de sua debilidade e de seu descrédito, proponho-me colocar plenamente em evidência aqueles que considero os elementos normais de uma instituição internacional que tende essencialmente à universalidade. Estou convencido de que, tomando consciência da própria finalidade, a Sociedade das Nações será capaz de realizar de modo mais seguro e eficaz a tarefa que a história lhe confiou e que constitui sua razão de ser e a lei imanente de seu desenvolvimento.

Índice onomástico

Adenauer, Konrad, 28.
Ago, Roberto, 68.
Agripa, Menênio, 171.
Alighieri, Dante, *ver* Dante Alighieri.
Anzilotti, Dionisio, XIII.
Arangio-Ruiz, Gaetano, 20 n, 47 n.
Arangio-Ruiz, Vincenzo, 19.
Arechega, Jiménez de, *ver* Jiménez de Arechega, Eduardo.
Aristóteles, 50.
Ascarelli, Tullio, 14 e n.

Bagolini, Luigi, 71.
Balladore-Pallieri, Giorgio, XIII.
Battaglia, Felice, 16 n.
Bergson, Henri, 171.
Bernatzik, Edmund, 7 s.
Bersier Ladavac, Nicoletta, XIV, 47 n, 49 n.
Biggini, Carlo Alberto, 68.
Bobbio, Norberto, XII, XIV, 12 n, 15 e n, 40 s, 44-6, 50 n, 53, 57, 68-74, 78.
Bongiovanni, Giorgio, 4 e n.
Boni, Massimiliano, editor, 8.
Bourquin, Maurice, 59, 64-5, 190 s.
Bouvier, Campagnolo, *ver* Campagnolo Bouvier, Michelle.
Brauneder, Wilhelm, 7 n.

Calasso, Francesco, 21.
Calogero, Guido, 15 e n.
Campagnolo, Umberto, XI, 5 s, 26, 43, 46, 49-60, 61-75, 80-9, 90-8, 102, 112-37, 140, 143 n, 145 n, 152 n, 176, 179 n, 190-4, 195 s, 199 s, 202.
Campagnolo Bouvier, Michelle, XIV, 72 n, 80 n, 99 n.
Cappelletti, Vincenzo, 80 n.
Carnelutti, Francesco, 44.
Carry, Paul, 65.
Carty, Antony, 47 n.
Cícero, Marco Túlio, 95.
Cranston, Maurice, 50 n.
Crosa, Emilio, 22 s.
Czeike, Felix, 7 n.

D'Annunzio, Gabriele, 5.
Dante Alighieri, 6-11, 93.
Del Vecchio, Giorgio, XIII, XV, 6, 11 e n, 16-8, 23-7, 31-3, 35-41, 45, 52-4, 90, 109, 194, 196.

Dewey, John, 15 n.
Durkheim, Émile, 156, 171.

Eisenmann, Charles, 22 n, 29.
Ercole, Francesco, 17.
Erne, Ruth, 5 n.

Fassetta, Marigia, XIV.
Fassò, Guido, 16, 37 n.
Ferrari, Vincenzo, 34 n.
Ferrero, Guglielmo, 34 s, 51, 64 s, 87, 97 e n.
Ferrero, Leo, 97 n.
Frosini, Vittorio, 3 e n, 7 s, 9, 12 n.

Galasso, Giuseppe, 50 n.
Gerber, Karl Friedrich von, 38.
Geymonat, Ludovico, 41 e n.
Ghezzi, Morris L., 34 n.
Giuliani, Alessandro, 15 n.
Goretti, Cesare, 71.
Gridelli Velicogna, Nella, 34 n.
Gronchi, Giovanni, 18.
Guggenheim, Paul, 65, 190, 192 s.
Gurvitch, Georges, 93.

Hitler, Adolf, 30, 81.
Hobbes, Thomas, 44, 155.

Jabloner, Clemens, 28 n, 47 n.
Jaspers, Karl, 41, 72.
Jellinek, Georg, 11.
Jhering, Rudolf von, 38 s.
Jiménez de Arechega, Eduardo, 47 n.
Jokota, Kissaburo, 29.

Kant, Immanuel, 14.
Kaufmann, Felix, 29.
Kelsen, Hans, XI-XV, 3-52, 56-65, 67, 74-6, 79-83, 85-7, 89-94, 97 n, 112, 136 n, 140-2, 145-60, 162-6, 168-84, 186, 190, 199-200.
Krawietz, Werner, 5 n.
Kunz, Josef Laurenz, 29.

Laband, Paul, 7 n.
Lacroix, Jean, 50 n, 93 s.
Ladavac, *ver* Bersier Ladavac, Nicoletta.
La Pergola, Antonio, 20 e n.
Leben, Charles, 47 n.
Legaz y Lacambra, Luis, 29.
Losano, Mario G., XI, 3 n, 10 n, 14 n, 29-30 n, 33-4 n, 39 n, 41 n, 43 n, 79 n.
Lukács, György, 72.

Mantoux, Paul, 64-5, 87 n, 190, 193.
Maquiavel, Nicolau, 9.
Marchesi, Concetto, 51 n, 68.
Meitner-Graf, Lotte, fotógrafa, 40.
Mello Sequeira, Fernando de, personagem de romance, 4.
Merkl, Adolf, 29.
Métall, Rudolf Aladár, 5 n, 6 s, 9 s, 16 s, 18 n, 20 n, 28 n, 30 e n, 34 n, 35, 83.
Meyer vom Bruck, Gunhild, 8 n.
Moór, Julius, 93.
Morghen, Raffaello, 20 n.
Mussolini, Benito, 18, 68.

Newman, Ralph Abraham (provavelmente), 37.

Olivetti, Adriano, 68, 96.
Olivetti, Massimo, 68.
Olschki, Leonardo, 19.
Opocher, Enrico, 71.

Orecchia, Rinaldo, 16 n, 23 n.
Otaka, Tomoo, 29.

Papuzzi, Alberto, 44 n.
Passerin d'Entrèves, Alessandro, 12, 13, 14.
Paulson, Stanley L., 42 n.
Pitamic, Leonid, 29.
Platão, 14.
Politis, Nicolas Socrate, 199.

Radbruch, Gustav, 41.
Rappard, William E., 46, 49 n, 61-3.
Rava, Luigi, 17.
Recaséns Siches, Luis, 29.
Renner, Karl, 25.
Riccobono, Francesco, 3 e n, 80 n.
Rigaux, François, 47 n.
Ringhofer, Kurt, 14 n.
Rocco, Alfredo, 15 n.
Roehrssen, Carlo, 3 n.
Rohrer, Rudolf M., editora, 83 n.

Saletta, Carla, XIV.
Sander, Fritz, 29.
Sangiorgi, Wilfrido, 8 n.
Scelle, Georges, 85.
Schachter, Oscar, 47 n.
Schelsky, Helmut, 5 n.
Schiffer, Walter, 64 n, 136 n.
Schmidt, Carl, 26, 30, 58.

Schmidt, Michael, 28 n.
Schreier, Fritz, 29.
Sequeira de Mello, Fernando, 4.
Solari, Gioele, 40 s, 44.
Solmi, Arrigo, 9.
Spirito, Ugo, 10.
Starobinski, Jean, 71 e n.
Stier-Somlo, Fritz, 28, 30.
Strisower, Leo, 7.

Tabucchi, Antonio, 4 e n.
Tomás de Aquino, São, 14.
Torre, Mirella, 14 n.
Treves, Renato, 5, 12 n, 33 s, 40-6, 79.
Troilo, Erminio, 50, 81.

Velicogna, *ver* Gridelli Velicogna, Nella.
Verdross, Alfred, 7 n, 29.
Violi, Carlo, 45-6 n, 73 n.
Volpicelli, Arnaldo, 10, 60.
Vossler, Karl, 9.

Walter, Robert, 8 n, 14 n, 26 n, 28 n, 33 n.
Wehberg, Hans, 64 s, 87 n, 93, 190, 195.
Weyr, Franz, 29, 36.

Zolo, Danilo, 44 n, 47 n.